中国国家留学基金管理委员会指定来华留学生基础汉语教材

天天汉语

听力（1）

TIANTIAN HANYU TINGLI（1）

丛书主编　韩志刚　董　杰
本册主编　董　杰

天津大学出版社
TIANJIN UNIVERSITY PRESS

图书在版编目(CIP)数据

天天汉语. 听力. 1 / 董杰主编. — 天津：天津大学出版社，2017.12

中国国家留学基金管理委员会指定来华留学生基础汉语教材 / 韩志刚，董杰主编

ISBN 978-7-5618-6012-0

Ⅰ.①天… Ⅱ.①董… Ⅲ.①汉语—听说教学—对外汉语教学—教材 Ⅳ.①H195.4

中国版本图书馆CIP数据核字(2017)第312027号

出版发行 天津大学出版社
地　　址 天津市卫津路92号天津大学内(邮编:300072)
电　　话 发行部:022-27403647
网　　址 publish.tju.edu.cn
印　　刷 天津泰宇印务有限公司
经　　销 全国各地新华书店
开　　本 210mm×285mm
印　　张 12.5
字　　数 240千
版　　次 2017年12月第1版
印　　次 2017年12月第1次
定　　价 55.00元

前　　言

本套教材是中国国家留学基金管理委员会指定的来华留学生预科教育专用基础汉语教材，可供以学习基础汉语、报考汉语水平考试（HSK）为目的的各类来华人员使用。

中国政府奖学金本科来华留学生预科教育自2005年起开始试行，近十年来，各预科教育院校所用的基础汉语教材并不统一，其中罕有完全适合预科教育培养目标的教材，因此设计编写一套为预科教育培养目标服务的专用教材就显得非常必要。随着预科教育事业的不断发展，教育部国际合作与交流司和国家留学基金管理委员会致力于推动预科教育培养标准的规范化、科学化工作，逐步确定和完善预科教学大纲、考试大纲，这为预科教育专用教材的设计编写提供了重要依据。

为了服务预科教育总体培养目标、加强预科专用教材建设、推动预科教育事业的发展，2013年天津大学国际教育学院决定组织力量编写一套针对性强的预科教育基础汉语专用教材。

自2013年春季始，我们集中学院优秀师资，以多年从事预科教育的汉语教师为主体组成编写团队，精心设计编写，反复修改打磨，经过近三年的努力，完成了《天天汉语 读写》（共三册）和《天天汉语 口语》（共两册）的编写工作，并分别于2015年和2016年正式出版。根据教学实际需要，2017年年初，我们重新组织优秀师资力量，开始了与《天天汉语 读写》配套的听力教材的编写工作，经过艰苦努力，完成了本套听力教材的设计和编写。

本套听力教材是读写教材的配套教材，共分两册，主要配合读写教材内容，侧重训练学生的汉语听说能力，与读写教材一样，听力教材中语法点、词汇的选择均以预科基础汉语教学大纲及新HSK考试大纲为主要依据；课文内容与读写课既相关又相异，贴近日常生活，兼顾实用性和趣味性。

本书为听力第一册，全书共三十二课，内容与《天天汉语 读写》第一、二册配套。语音阶段，每课包括语音练习和课文理解两大部分。前者包括多种形式的声母、韵母、声调、音节、词语等语音基本要素和基本单位的听辨练习；后者则以语音为线索配以插图，进行词语的扩展学习，将听力训练引向实际运用。语法和词汇阶段，每课包括语音与词语练习、句子练习、对话理解和短文理解四大部分。通过多种听力技能练习形式，由简入繁，步步提高，分别训练了听说专项技能和听辨综合理解能力。在题型设计上，以听力训练为中心，兼顾听与说、听与读、听与写的互相配合。学完本教材，学生听力可以达到新 HSK 三级水平。

本书第一至四课由韩志刚老师编写，第五至八课由张丽媛老师编写，第九课由韩志刚、董杰老师共同编写，第十至十二课由李琳老师编写，第十三至十六课由董杰老师编写，第十七至二十一课由李晶老师编写，第二十二至二十六课由张子晏老师编写，第二十七与二十八课由董杰老师编写，第二十九与三十课由张丽媛老师编写，第三十一与三十二课由董杰老师编写。本书的英文翻译工作由董杰老师完成。

真诚期待使用本书的老师和学习者提出宝贵意见，以便我们进一步修改完善。

编者

2017 年 8 月

于天津大学

目　录

第一课

你好

一　语音练习 Pronunciation

声韵母练习 Initials and Finals

（一）听后跟读声母 Read the initials after the recording

b	p	m	f
d	t	n	l
g	k	h	

（二）听录音，画出听到的声母 Underline the initials you hear

1. h—g	2. p—b	3. t—d	4. l—n	5. n—t
6. g—k	7. d—t	8. b—m	9. m—f	10. k—h

（三）听后跟读韵母 Read the finals after the recording

a	o	e	i	u	ü	
ai	ei	ao	ou	an	en	in
ang	eng	ing				

（四）听录音，画出听到的韵母 Underline the finals you hear

1. e—o	2. a—ao	3. i—ü	4. ao—ou	5. in—ing
6. u—ü	7. an—ang	8. a—ei	9. ao—ai	10. o—ou

声调练习 Tones

（一）听后跟读 Read after the recording

1. mā	má	mǎ	mà	2. pī	pí	pǐ	pì
3. bāo	báo	bǎo	bào	4. hōu	hóu	hǒu	hòu
5. lū	lú	lǔ	lù	6. līng	líng	lǐng	lìng

7. nān　nán　nǎn　nàn　　8. bāi　bái　bǎi　bài

(二)听录音，画出听到的声调 Underline the tones you hear

1. A.ī	B.í	C.ǐ	D.ì	2. A.ā	B.á	C.ǎ	D.à
3. A.ō	B.ó	C.ǒ	D.ò	4. A.ē	B.é	C.ě	D.è
5. A.ǖ	B.ǘ	C.ǚ	D.ǜ	6. A.īn	B.ín	C.ǐn	D.ìn
7. A.āng	B.áng	C.ǎng	D.àng	8. A.āo	B.áo	C.ǎo	D.ào
9. A.ēng	B.éng	C.ěng	D.èng	10. A.ōu	B.óu	C.ǒu	D.òu

音节练习 Syllables

听录音，画出听到的音节 Underline the syllables you hear

A 组

1. bāo—pāo	2. dā—tā	3. hái—lái
4. dōu—tōu	5. nín—lín	6. nǚ—lǚ
7. hēi—bēi	8. gàng—kàng	9. pō—bō
10. dāng—tāng	11. kè—gè	12. móu—lóu

B 组

1. dīng—dī	2. lǎo—lǎn	3. dù—dòu
4. kāi—kān	5. pào—pài	6. lǜ—lù
7. mán—máng	8. pīng—pīn	9. dào—dòu
10. nǐ—nǎi	11. fān—fāng	12. fǔ—fǒu

二　课文理解 Texts

(一)看图跟读生词 Read the words after the recording

1. 

nǎinai

2. 

lǎoshī

3. 

dàifu

4. 

mèimei

（二）在横线上填出听到的韵母和声调 Fill in the blanks with the finals and tones you hear

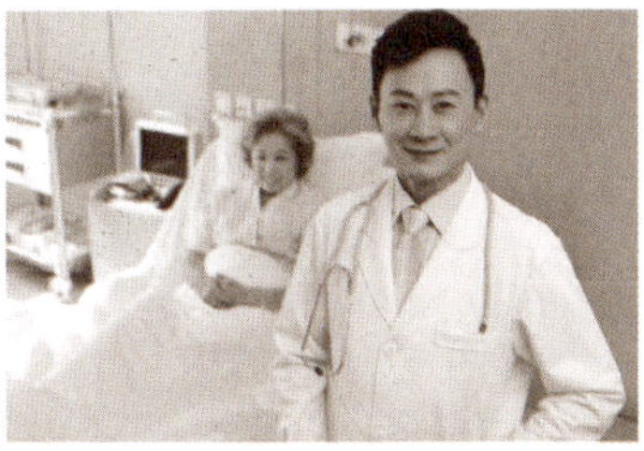

1. A: Dàifu, nín h____.
   B: N____ hǎo.

2. A: Nǎinai, n____ hǎo.
   B: Nǐ hǎo.

3. A: M____m____, nǐ hǎo.
   B: Nín hǎo.

4. A: L____sh____, nín hǎo.
   B: Nǐ hǎo.

（三）在横线上填出听到的声母和韵母 Fill in the blanks with the initials and finals you hear

t____

__í

c____ __éi

d____ g____

__ēizi

__àozi

第二课

你忙吗

一　语音练习 Pronunciation

声韵母练习 Initials and Finals

(一)听后跟读声母 Read the initials after the recording

z	c	s	
zh	ch	sh	r
b	p	d	t
g	k	h	

(二)听录音,画出听到的声母 Underline the initials you hear

1. A.zh	B.z	C.r
2. A.b	B.p	C.f
3. A.b	B.m	C.p
4. A.ch	B.s	C.sh
5. A.k	B.g	C.h
6. A.r	B.z	C.zh
7. A.zh	B.r	C.sh
8. A.r	B.sh	C.l
9. A.z	B.s	C.c
10. A.h	B.k	C.g

(三)听后跟读韵母 Read the finals after the recording

an	ang	uan	uang
ua	uo	uai	ui(uei)

un（uen） eng ong

（四）听录音，画出听到的韵母 Underline the finals you hear

1. ua—a 2. e—o 3. an—en
4. en—eng 5. un—eng 6. ang—an
7. uo—ou 8. ong—ang 9. uang—ang
10. ui—ei

声调练习 Tones

（一）听录音，画出听到的声调 Underline the tones you hear

1. A.ān	B.án	C.ǎn	D.àn	2.A.uā	B.uá	C.uǎ	D.uà
3.A.ūn	B.ún	C.ǔn	D.ùn	4.A.āng	B.áng	C.ǎng	D.àng
5.A.uāng	B.uáng	C.uǎng	D.uàng	6.A.uēi	B.uéi	C.uěi	D.uèi
7.A.uō	B.uó	C.uǒ	D.uò	8.A.uān	B.uán	C.uǎn	D.uàn

（二）听录音，标出"bu"的声调 Mark the tones of the "bu" you hear

1. bu chī 2. bu lái 3. bu xìn 4. bu máng 5. bu kàn
6. bu jìn 7. bu qù 8. bu shuō 9. bu hǎo 10. bu duì

音节练习 Syllables

（一）听录音，画出听到的音节 Underline the syllables you hear

A 组

1. bān—pān 2. sā—cā 3. kùn—lùn
4. zòu—còu 5. néng—réng 6. tóng—sóng
7. suì—shuì 8. káng—háng 9. guài—huài
10. zhǎi—shǎi 11. cuò—zuò 12. bō—pō

B 组

1. guǒ—gǒu 2. zhǎo—zhǎi 3. cū—cuī
4. shuài—shài 5. rǎng—rǎn 6. lèi—lè
7. mán—máng 8. zān—zāng 9. chuàn—chuàng
10. gǔn—guǐ 11. dāo—dān 12. rén—réng

（二）判断下列音节与听到的是否一致（对的画"√"，错的画"×"）Judge whether the following syllables are identical with those you hear in the recording (draw a tick if they are the same and a cross if they are different)

1. zàn（　）	2. zhāng（　）	3. cá（　）
4. néng（　）	5. sài（　）	6. rù（　）
7. lòu（　）	8. mǎi（　）	9. kōng（　）

二　课文理解 Texts

（一）看图跟读生词 Read the words after the recording

1. 

máng

2. 

è

3. 

kě

4. 

kùn

5. 

lèi

6. 

rè

（二）在横线上填出听到的韵母和声调 Fill in the blanks with the finals and tones you hear

1. Tā hěn k___, tā sh__ zháo le.

2. Māma bù m____.

3. Zh____r____ a!

4. Mèimei z____ ch____ fàn.

（三）在横线上填出听到的音节 Fill in the blanks with the syllables you hear

1. Bàba jīntiān hěn ______.
2. Wǒ xiànzài ________è.
3. Qǐng dàjiā dǎ ______ shū.
4. Wǒmen dōu shì ______ péngyou.
5. Mǎlì lái Zhōng ________le.

第三课

谢谢

一　语音练习 Pronunciation

声韵母练习 Initials and Finals

（一）听后跟读声母 Read the initials after the recording

zh	ch	sh	r
j	q	x	
z	c	s	
d	t	n	l

（二）听录音，画出听到的声母 Underline the initials you hear

1. A.z	B.j	C.zh
2. A.q	B.ch	C.c
3. A.r	B.n	C.l
4. A.sh	B.s	C.x
5. A.d	B.t	C.l
6. A.n	B.l	C.k
7. A.h	B.g	C.k
8. A.b	B.f	C.p
9. A.x	B.s	C.q
10. A.zh	B.ch	C.sh

（三）听后跟读韵母 Read the finals after the recording

üe	ün	un	
ia	iao	iu	ui

ian	iang	in	ing
en	eng	ong	iong

(四)听录音,画出听到的韵母 Underline the finals you hear

1. ie—üe	2. iang—ian	3. un—en	4. un—in
5. ao—ou	6. iu—ui	7. iong—eng	8. iao—iou
9. ing—in	10. ia—a		

声调练习 Tones

(一)听后跟读 Read after the recording

hū	hú	hǔ	hù
nī	ní	nǐ	nì
jiā	jiá	jiǎ	jià
qiē	qié	qiě	qiè
xuē	xué	xuě	xuè

(二)听后标出声调 Mark the tones of the following syllables after the recording

1. xi	2. ling	3. jiang	4. quan	5. shui
6. lao	7. ran	8. tun	9. lou	10. ning
11. jin	12. heng	13. yuan	14. xiu	15. du

音节练习 Syllables

(一)听录音,画出听到的音节 Underline the syllables you hear

A 组

1. duì—tuì	2. jǐ—qǐ	3. jù—qù
4. tīng—dīng	5. zhànxiàn—zàijiàn	6. jǐngtì—jīnglǐ
7. tóngxué—nóngxué	8. míngtiān—míngxiǎn	9. jiānnán—xiǎntān

B 组

1. qǐn—qǐng	2. jiā—jiān	3. lù—lòu
4. xiǎo—xiào	5. shǎo—shǒu	6. lián—lán
7. xiāng—xiān	8. jìn—jìng	9. jié—jué

（二）判断下列音节与听到的是否一致（对的画"√"，错的画"×"）Judge whether the following syllables are identical with those you hear in the recording (draw a tick if they are the same and a cross if they are different)

1. xiè（ ）	2. zuǒ（ ）	3. zhá（ ）
4. guàn（ ）	5. shài（ ）	6. wù（ ）
7. qíng（ ）	8. ràng（ ）	9. xiōng（ ）

二 课文理解 Texts

（一）看图跟读生词 Read the words after the recording

1.

duìbuqǐ

2.

méi guānxi

3.

xièxie nǐ

4.

bú kèqi

5.

shàngkè

6.

xiàkè

（二）在横线上填出听到的韵母和声调 Fill in the blanks with the finals and tones you hear

1. Tā z____kàn d____shì.

2. Jiějie x__h____ dú shū.

3. Mèimei zài x____ H____zì.

4. Bàba sh____h____, māma t____.

（三）在横线上填出听到的音节 Fill in the blanks with the syllables you hear

1. Tóngxuémen, qǐng ānjìng, wǒmen ______ _____.
2. Wǒ bàba shì ______ ______, māma shì ______ ______.
3. Nǎinai hěn kě, tā ______ hē rè _____.
4. ______ ______ hòu, wǒmen qù cāochǎng tī ______ ______ ba.
5. Wǒ zài _____shì ______ dōngxi ne.
6. Màikè bù xiǎng chī ______ ______, tā yào chī ______ ______.
7. Wǒ ______ ______ shēntǐ dōu hěn hǎo.

第四课

你去哪儿

一 语音练习 Pronunciation

(一)听后跟读声母 Read the initials after the recording

d	t	g	k
z	s	j	zh
q	ch	x	sh

(二)听录音,画出听到的声母 Underline the initials you hear

1. A.x	B.sh	C.s
2. A.r	B.ch	C.l
3. A.p	B.b	C.d
4. A.zh	B.j	C.z
5. A.ch	B.c	C.q
6. A.k	B.h	C.g
7. A.f	B.m	C.b
8. A.n	B.r	C.l
9. A.zh	B.r	C.ch
10. A.j	B.x	C.q

(三)听后跟读韵母 Read the finals after the recording

e	er	ai	uai
iu	ui	ou	uo
un	üe	ing	in

(四)听录音,画出听到的音节 Underline the syllables you hear

1. ér—ěr　　2. guì—kuì　　3. céng—chéng

4. bà—pà	5. jù—qù	6. shū—shī
7. huà—huàr	8. zuǐr—zuǐ	9. gǒu—gòu

（五）听后跟读词语 Read the words after the recording

1. xuésheng	2. lǎoshī	3. xièxie
4. jiějie	5. zàijiàn	6. qù nǎr
7. fànguǎnr	8. Hànyǔ	9. érzi

（六）听录音，画出听到的词语 Underline the words you hear

A 组

1. xīnjī—xīngqī	2. Rìyǔ—yìyǔ	3. qǔzi—jùzi
4. chīfàn—shīfàn	5. shítáng—chítáng	6. qīngtiān—jīntiān
7. yíxiàr—lìxià	8. hàomǎ—hǎoma	9. yìzhī—yìzhí

B 组

1. bēizi—bèizi	2. zǎoshang—cǎo shang	3. nǐkāi—líkāi
4. míngtiān—míngdiàn	5. xiǎngfú—shàngwǔ	6. shāngdiàn—sāndiǎn
7. píngguǒ—bìngguo	8. xuéxí—xiūxi	9. jiàoshòu—jièshào

二　课文理解 Texts

（一）看图跟读生词 Read the words after the recording

1. 

xuéxí

2. 

xuéxiào

3. 

fànguǎnr

4. 

chīfàn

5. 

xué Hànyǔ

6. 

xiūxi

(二)在横线上填出听到的音节 Fill in the blanks with the syllables you hear

1. A: Nǐ ______ _____?

B: Wǒ ______ _____.

2. A: Wǒ qù ______ ______, nǐ qù ma?

B: Wǒ bú qù.

3. Nǐ qù ________ ______ma?

4. A: ______ wǒ ______ ______ hǎo ma?

B: Nǐ kàn ba.

5. Jīntiān ______ ______ ______.

6. Mǎlì hěn ______, tā ______ ______ ne.

(三)在横线上填出听到的音节 Fill in the blanks with the syllables you hear

1. Tóngxuémen, qǐng gēn wǒ dú ______ ______.
2. Wǒ xǐhuan nà jiàn ______ ______ de yīfu.
3. Xīngqīwǔ ______ ______ wǒmen méiyǒu kè.
4. Wǒ xiànzài yǒu sān ge ______ ______ péngyou.
5. Māma hé háizimen zài ______ ______ tīng yīnyuè ne.
6. Màikè jiāo wǒ xué______ ______.
7. Zhào lǎoshī de gèzi ______ ______ gāo.
8. Hànyǔ yǒu sì ge ______ ______.

第五课

请问您怎么称呼

一　语音与词语练习 Pronunciation and Words

（一）听录音，画出听到的声母 Underline the initials you hear

1. p—b	2. d—t	3. g—k	4. l—n	5. zh—ch
6. x—q	7. q—j	8. x—j	9. n—m	10. d—b

（二）听录音，画出听到的韵母 Underline the finals you hear

1. a—an	2. an—ang	3. en—eng	4. in—ing	5. e—en
6. uo—o	7. an—ai	8. an—ao	9. üe—ie	10. ui—ei

（三）听录音，画出听到的声调 Underline the tones you hear

1. jiāo—jiáo	2. wěn—wén	3. pēng—pèng
4. yōu—yòu	5. qǐng—qíng	6. xiǎn—xiàn
7. jiē—jié	8. lì—lí	9. līn—lín
10. wǎng—wáng	11. shuí—shuǐ	12. jué—juè

（四）听录音，画出听到的音节 Underline the syllables you hear

A 组

1. mǎ—nǎ	2. dí—tí	3. jiào—qiào
4. shuí—suí	5. zhōng—chōng	6. guó—duó
7. wáng—háng	8. shén—chén	9. me—ne
10. qǐng—jǐng	11. zì—cì	12. nǚ—lǚ

B 组

1. lín—líng	2. guì—gùn	3. wěn—wèn
4. nǚ—nǔ	5. xiān—xuān	6. shēn—shēng
7. zhēng—zhōng	8. jié—jué	9. shéi—shuí

10. qǐng—qǐn　　11. hǎo—hǎn　　12. kè—kuò

（五）在横线上填出听到的音节 Fill in the blanks with the syllables you hear

1. ________　　2. ________　　3. ________　　4. ________

5. ________　　6. ________　　7. ________　　8. ________

（六）听后跟读生词 Read the words after the recording

1.　　2.　　3.　　4.

5.　　6.　　7.　　8.

9.　　10.　　11.　　12.

（七）在横线上填出听到的音节 Fill in the blanks with the syllables you hear

1. 你________　　2. 你________　　3.________忙

4. ________饿　　5. 爸________　　6. 对________起

二　句子练习 Sentences

（一）听句子，选择正确答案 Listen to the sentences and choose the right answers

1.

A. 

B. 

C. 

2.

A. 

B. 

C. 

3.

A. 

B. 

C. 

4.

A. 

B. 

C. 

5.

A. 

B. 

C. 

6.

A. 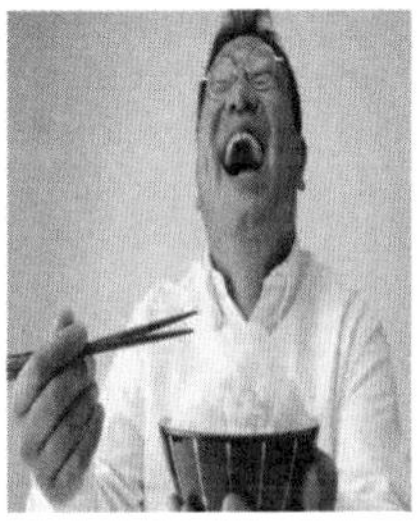

B. 

C. 

7.

A. 

B. 

C. 

8.

A. 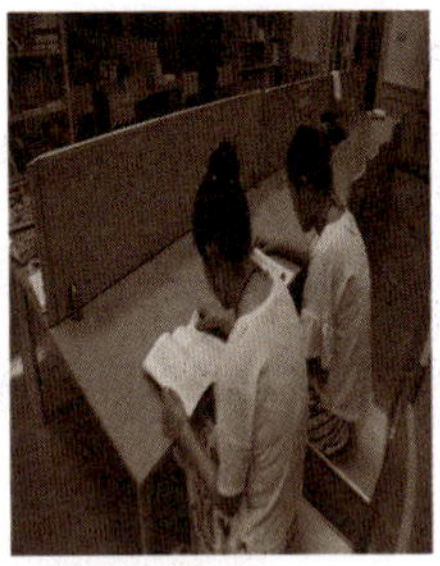
B. 
C. 

（二）听后选择合适的回答 Listen and choose the appropriate answers

1. A. 他很忙
   B. 我很忙
   C. 他很好

2. A. 我不是饿
   B. 我不饿
   C. 是

3. A. 没关系
   B. 不客气
   C. 对不起

4. A. 我是中国人
   B. 我姓张
   C. 我学习汉语

5. A. 我不去
   B. 去饭馆儿
   C. 他不去

6. A. 我叫玛丽
   B. 你姓张
   C. 你的名字叫玛丽

三　对话理解 Conversation Comprehension

生词　New Words

1	北京	Běijīng	专名	Beijing
2	天津	Tiānjīn	专名	Tianjin

（一）听对话，选择正确答案 Listen to the conversations and choose the right answers

1. A. 食堂
   B. 饭馆儿
   C. 中国

2. A. 王林（Wáng Lín）
   B. 王龄（Wáng Líng）
   C. 汪玲（Wāng Líng）

3. A. 星期一
B. 星期二
C. 星期日

4. A. 小王的妈妈
B. 小王的爸爸
C. 小王

（二）听长对话，选择正确答案 Listen to the conversations and choose the right answers

对话一

1. A. 星期一
B. 星期天
C. 星期日

2. A. 北京
B. 天津
C. 中国

3. A. 去北京
B. 上课
C. 学习中文

对话二

1. A. 王林
B. 麦克
C. 杰克

2. A. 男的姓王
B. 女的学习汉语
C. 男的学习汉语

四　短文理解 Passage Comprehension

短文　我叫玛丽

听短文，判断正误（对的画"√"，错的画"×"）Listen to the passage and decide whether the following statements are true or false (write a tick for true and a cross for false)

1. 昨天是星期三。（　　）
2. 明天我不上课。（　　）
3. 王林是我的中国朋友。（　　）
4. 明天我去食堂吃饭。

第六课

我们都是美国人

一 语音与词语练习 Pronunciation and Words

(一)听录音，画出听到的声母 Underline the initials you hear

1. qí—xí	2. kē—hē	3. shí—chí	4. rè—shè	5. zì—cì
6. jǐ—zǐ	7. qī—sī	8. fú—hú	9. nǐ—lǐ	10. cí—chí

(二)听录音，画出听到的韵母 Underline the finals you hear

1. lù—lǜ	2. jūn—jīn	3. yáng—yíng	4. yè—yuè	5. yún—yuán
6. yā—yāo	7. yán—yáng	8. yǒng—yǐng	9. yǎn—yuǎn	10. yào—yàn

(三)听后标出声调 Mark the tones of the following syllables after the recording

1. ma	2. ji	3. jie	4. nin	5. mei	6. qing
7. nan	8. duo	9.yusan	10. bu lai	11. bu qu	12. tongxue

(四)听录音，画出听到的音节 Underline the syllables you hear

1. lǎ—nǎ	2. duì—duī	3. měi—něi
4. rén—réng	5. sàng—shàng	6. hǎi—hǎn
7. niú—liú	8. jīn—jīng	9. xué—qué
10. nán—lán	11. da—ba	12. huó—guó
13. yě—yè	14. dōu—dū	15. guó—duó
16. běi—bèi	17. xué—xuán	18. hǎi—gǎi

(五)在横线上填出听到的音节 Fill in the blanks with the syllables you hear

1. ____________ 2. ____________ 3. ____________ 4. ____________

5. ____________ 6. ____________ 7. ____________ 8. ____________

(六)听后跟读生词 Read the words after the recording

1. 2.

3. 4.

5.　　　　　　6.

7.　　　　　　8.

9.　　　　　　10.

11.　　　　　　12.

13.　　　　　　14.

（七）在横线上填出听到的音节 Fill in the blanks with the syllables you hear

1.______本　　2. 我______　　3. 哪______人

4.______学生　　5.______同学　　6. 北______

二　句子练习 Sentences

（一）听问题，用正确的重音和语调回答 Listen to the following groups of question and answer them with correct stress and intonation

1.（1）你妈妈忙吗？

（2）你妈妈忙吗？

（3）谁妈妈忙？

2.（1）你去哪儿？

（2）你去食堂吃饭吗？

（3）你去食堂吃饭吗？

（4）你去食堂吗？

3.（1）麦克学习汉语吗？

（2）麦克学习汉语吗？

（3）谁学习汉语？

4.（1）今天星期几？

（2）今天星期二吗？

（3）今天星期二吗？

5.（1）你是哪国人？

（2）谁是美国人？

（3）你是美国人吗？

（4）你是美国人吗？

6.（1）你叫什么名字？

（2）你叫王林？

（3）你叫王林？

（4）谁叫王林？

（二）听后选择合适的回答 Listen and choose the appropriate answers

1. A. 他不学英语
   B. 他不学
   C. 你弟弟学汉语

2. A. 对，他是英国人
   B. 他不是法国人
   C. 我是英国人

3. A. 没关系
   B. 不客气
   C. 谢谢

4. A. 我是中国人
   B. 我是北京人
   C. 我学习汉语

5. A. 对，他也是
   B. 他都是
   C. 他不也是

6. A. 我是美国人
   B. 我是北京人
   C. 她是上海人

三　对话理解 Conversation Comprehension

生词　New Words

1	法国	Fǎguó	专名	France
2	和	hé	连	and

（一）听对话，选择正确答案 Listen to the conversations and choose the right answers

1. A. 石（Shí）
   B. 史（Shǐ）
   C. 施（Shī）

2. A. 食堂
   B. 饭馆儿
   C. 日本

3. A. 日本人
   B. 中国人
   C. 美国人

4. A. 他爸妈都是上海人
   B. 他爸妈都不是上海人
   C. 他爸爸是上海人，妈妈不是

（二）听长对话，选择正确答案 Listen to the conversations and choose the right answers

对话一

1. A. 王京
   B. 王美
   C. 王津

2. A. 美国人
   B. 法国人
   C. 中国人

3. A. 男的叫麦克
   B. 男的和女的都是美国人
   C. 男的是美国人

对话二

1. A. 北京人
   B. 天津人
   C. 上海人

2. A. 中国人
   B. 美国人
   C. 日本人

3. A. 女的是北京人
   B. 男同学是日本人
   C. 女的是老师

四　短文理解 Passage Comprehension

短文　我是天津人

（一）听第一遍，选择正确答案 Choose the right answers after listening to the recording for the first time

1. A. 北京人
   B. 天津人
   C. 上海人

2. A. 王美的同学
   B. 王美的男朋友
   C. 王美的爸爸

3. A. 法语
   B. 英语
   C. 日语

（二）听第二遍，判断正误（对的画"√"，错的画"×"）Decide whether the following statements are true or false after listening to the recording for the second time (write a tick for true and a cross for false)

1. 王美在北京大学学习。 （ ）
2. 李明学习法语。 （ ）
3. 他们今天去上海。 （ ）
4. 王美是李明的女朋友。 （ ）

（三）听第三遍，在横线上填出听到的音节 Fill in the blanks with the syllables you hear after listening to the recording for the third time

1. 我 ________ 王美，我在北京 ________ 学习法语。
2. 李明是我的 ________，他在北京大学学习 ________。
3. 我是 ________ 人，李明是 ________ 人。
4. ________ 我们都去 ________。

第七课

我女朋友今年二十一岁

一　语音与词语练习 Pronunciation and Words

(一)听后跟读生词 Read the words after the recording

1.　　　　2.
3.　　　　4.
5.　　　　6.
7.　　　　8.
9.　　　　10.
11.　　　　12.
13.　　　　14.

(二)听录音，画出听到的音节 Underline the syllables you hear

1.A.shí	B.chí	C.zhí
2.A.sāi	B.cāi	C.zāi
3.A.zhē	B.zhě	C.zhè
4.A.zhēn	B.zēn	C.shēng
5.A.xiǎn	B.xiǎo	C.xiǎng
6.A.jǐ	B.qǐ	C.xǐ
7.A.jiǔ	B.jiū	C.jiù
8.A.shēntǐ	B.shěntí	C.zhēndì
9.A.qīngnián	B.jīnnián	C.jǐnián
10.A.piāoyáng	B.biǎoyáng	C.piàoliang

(三)在横线上填出听到的音节 Fill in the blanks with the syllables you hear

1. _____朋友　　2. 年________　　3. _______体

4. ______奶　　5. 漂______　　6. 今______

（四）听后标出声调 Mark the tones of the following syllables after the recording

1. maijia　2. maijia　3. daxue　4. daxue

5. dagai　6. dakai　7. youbian　8. youbian

9. xiatian　10. xiabian　11. fuxi　12. fuqi

（五）听录音，选择听到的句子 Choose the sentences you hear

1. A.Zhè shì nǐ nǚ péngyou ma?

   B.Zhè shì nǐ nǚ péngyou ba?

2. A.Nín jīnnián duō dà?

   B.Nǐ jīnnián duō dà?

3. A.Nín de shēntǐ zhēn hǎo.

   B.Nín de zhēntí zhēn hǎo.

4. A.Nǐ jīnnián jǐ suì?

   B.Nǐ jīnnián jiǔ suì.

5. A.Tā yǒu qībǎi wàn.

   B.Tā yǒu qī-bā wàn.

6. A.Tā zhēn xǐhuan Zhōngguó.

   B.Tā zhèng xíguàn Zhōngguó.

7. A.Zhè shì yí jiàn nǚ xīfú.

   B.Zhè shì yí jiàn lǜ xīfú.

8. A.Tā èrshí suì le.

   B.Tā érzi zuì le.

二　句子练习 Sentences

（一）听后选择合适的回答 Listen and choose the appropriate answers

1. A. 很大
   B. 不大
   C. 十九岁

2. A. 七十九岁
   B. 五岁
   C. 对

3. A. 八十岁
B. 七岁
C. 很大

4. A. 是啊
B. 是吧
C. 是呢

5. A. 三年
B. 五岁
C. 二年级

6. A. 不对
B. 很好
C. 是的

(二)听句子,判断正误(对的画“√”,错的画“×”)Listen to the sentences and decide whether the following statements are true or false (write a tick for true and a cross for false)

1. 我去食堂吃饭。 (　　)
2. 爸爸和妈妈都很忙。 (　　)
3. 我女朋友也学习汉语。 (　　)
4. 奶奶身体不好。 (　　)
5. 玛丽是我的女朋友。 (　　)

三　对话理解 Conversation Comprehension

生词　New Words

1	在	zài	动	to be in
2	生日	shēngrì	名	birthday
3	快乐	kuàilè	形	happy
4	学校	xuéxiào	名	school

(一)听对话,选择正确答案 Listen to the conversations and choose the right answers

1. A. 四十四岁
B. 四十五岁
C. 四十六岁

2. A. 男的是法国人
B. 女的很漂亮
C. 留学生是男的的同学

3. A. 十九岁
B. 二十岁
C. 十八岁

4. A. 五岁
B. 六岁
C. 七岁

5. A. 七十岁
B. 七十二岁
C. 七十一岁

（二）听长对话，选择正确答案 Listen to the conversations and choose the right answers

对话一

1. A. 中国
B. 美国
C. 法国

2. A. 七十岁
B. 八十岁
C. 九十岁

3. A. 男的在中国
B. 女的在美国
C. 今天是奶奶的生日

对话二

1. A. 男的的妈妈
B. 男的的老师
C. 男的的奶奶

2. A. 三十三岁
B. 三十岁
C. 四十岁

3. A. 汉语老师是北京人
B. 妈妈是北京人
C. 妈妈今年三十岁

四 短文理解 Passage Comprehension

生词 New Words

1	韩语	Hányǔ	名	Korean
2	法语	Fǎyǔ	名	French
3	留学	liúxué	动	to study abroad

短文　我今年二十岁

（一）听第一遍，选择正确答案 Choose the right answers after listening to the recording for the first time

1. A. 十七岁
   B. 二十岁
   C. 二十九岁

2. A. 北京
   B. 天津
   C. 上海

3. A. 汉语
   B. 韩语（Hányǔ）
   C. 法语（Fǎyǔ）

（二）听第二遍，判断正误（对的画"√"，错的画"×"）Decide whether the following statements are true or false after listening to the recording for the second time (write a tick for true and a cross for false)

1. 麦克和玛丽今年都是二十岁。（　）
2. 麦克和玛丽今年都去中国学汉语。（　）
3. 麦克去北京学汉语，玛丽去天津学汉语。（　）
4. 麦克是玛丽的男朋友。（　）

（三）听第三遍，在横线上填出听到的音节 Fill in the blanks with the syllables you hear after listening to the recording for the third time

1. 我________二十岁，我是__________。
2. 玛丽今年也是________，她是________。
3. 玛丽很__________。
4. 我和女朋友都________汉语。
5. __________我和女朋友都去中国留学。

第八课

你家有几口人

一 语音与词语练习 Pronunciation and Words

(一)听后跟读生词 Read the words after the recording

1.	2.
3.	4.
5.	6.
7.	8.
9.	10.
11.	12.
13.	14.

(二)听录音,画出听到的音节 Underline the syllables you hear

1.A.qiā	B.jiā	C.xiā
2. A.nǚ	B.lǚ	C.nǔ
3. A.jié	B.jiě	C.jiè
4. A.gǒu	B.kǒu	C.hǒu
5. A.gē	B.kē	C.gēn
6. A.bàng	B.bàn	C.pàn
7. A.yóu	B.yǒu	C.yǎo
8. A.méimei	B.měiméi	C.mèimei
9. A.hányǒu	B.háiyǒu	C.hǎnyǒu
10. A.yīshēng	B.yìshēng	C.yīshěn

(三)在横线上填出听到的音节 Fill in the blanks with the syllables you hear

1. 女________　　2. 还________　　3. ________生

4. 孩________　　　　5. ______有　　　　6. ______姐

(四)标出画线词语的声调 Mark the tones of the underlined words or phrases

1. Chaoshi yǒu hěn duō kāfēi.
2. Shujia nǐ qù nǎr?
3. Tā xiǎng xīngqīrì hui guo.
4. Wǒ qù nàr mǎi chaye.
5. Míngtiān shì wǒ bàba de shengri.
6. Mǎlì zài jiaoshi xuéxí.
7. Nǐ chang ge zhēn hǎotīng.
8. Nǐ de aihao shì shénme?

(五)听录音，选择听到的句子 Choose the sentences you hear

1. A.Tā mǎi píngguǒ.
   B.Tā mài píngguǒ.
2. A.Wǒ jiā yǒu shísì kǒu rén.
   B.Wǒ jiā yǒu sìshí kǒu rén.
3. A.Zhè shì wǒ de qīzi.
   B.Zhè shì wǒ de qízi.
4. A.Tā de yīshēng hěn hǎo.
   B.Tā de yìshēng hěn hǎo.
5. A.Nǐ de yǎnjing hěn piàoliang.
   B.Nǐ de yǎnjìng hěn piàoliang.
6. A.Wǒ de lǎoshī xìng Liú.
   B.Wǒ de lǎoshī xìng Liǔ.
7. A.Tā bù tīng Hànyǔ kè.
   B.Tā bù tīng Hányǔ kè.
8. A.Wǒ hái yǒu yí ge érzi.
   B.Wǒ hái yào yí ge érzi.

二　句子练习 Sentences

（一）听句子，选择正确答案 Listen to the sentences and choose the right answers

1. A. 姐姐
   B. 哥哥
   C. 哥哥和姐姐

2. A. 小狗
   B. 小猫
   C. 都没有

3. A. 一个
   B. 两个
   C. 三个

4. A. 医生
   B. 爸爸
   C. 老师

5. A. 星期五
   B. 星期六
   C. 星期一

6. A. 食堂
   B. 饭馆儿
   C. 北京

7. A. 三口
   B. 四口
   C. 五口

8. A. 中国人
   B. 韩国人
   C. 日本人

（二）听句子，判断正误（对的画"√"，错的画"×"）Listen to the sentences and decide whether the following statements are true or false (write a tick for true and a cross for false)

1. 我妻子是北京人。　（　　）
2. 我姐姐和弟弟都是老师。　（　　）
3. 我女朋友很漂亮。　（　　）
4. 我弟弟是留学生。　（　　）
5. 我今年二十岁。　（　　）

三　对话理解 Conversation Comprehension

生词　New Words

1	只	zhī	量	a classifier for animals like cat, dog, chicken,etc.
2	照片	zhàopiàn	名	photo

（一）听对话，选择正确答案 Listen to the conversations and choose the right answers

1. A. 三岁
   B. 三岁半
   C. 四岁半
2. A. 法国人
   B. 中国人
   C. 美国人
3. A. 男的有哥哥
   B. 男的没有哥哥姐姐
   C. 男的有姐姐
4. A. 女的
   B. 女的的同学
   C. 女的的男朋友
5. A. 四百个
   B. 一百个
   C. 三百个
6. A. 弟弟
   B. 哥哥
   C. 爸爸

（二）听长对话，选择正确答案 Listen to the conversations and choose the right answers

对话一

1. A. 十九岁
   B. 二十岁
   C. 二十一岁
2. A. 美国
   B. 中国
   C. 日本
3. A. 女的有男朋友
   B. 男的有女朋友
   C. 女的是留学生

对话二

1. A. 一个
   B. 两个
   C. 三个
2. A. 哥哥
   B. 学生
   C. 弟弟
3. A. 王老师没有妹妹
   B. 王老师的哥哥是老师
   C. 王老师的弟弟是医生

四 短文理解 Passage Comprehension

生词 New Words

1	来	lái	动	to come
2	外国	wàiguó	名	foreign country
3	班	bān	名	class
4	位	wèi	量	a classifier for people

短文一 我们在中国很快乐

（一）听第一遍，选择正确答案 Choose the right answers after listening to the recording for the first time

1. A. 三口
   B. 四口
   C. 五口

2. A. 十岁
   B. 二十岁
   C. 十二岁

3. A. 儿子
   B. 女儿
   C. 爸爸和女儿

（二）听第二遍，判断正误（对的画"√"，错的画"×"）Decide whether the following statements are true or false after listening to the recording for the second time (write a tick for true and a cross for false)

1. 儿子和女儿今年都是十岁。 （　　）
2. 妻子是老师。 （　　）
3. 他家有一只小狗。 （　　）
4. 去年他们家四口人都来到了中国。 （　　）

（三）听第三遍，在横线上填出听到的音节 Fill in the blanks with the syllables you hear after listening to the recording for the third time

1. 我________来中国学习汉语。
2. 今年我的________和孩子们也来中国了。
3. 我有一个________和一个________。

4. 我妻子是__________，我儿子是__________。

短文二　北京大学很大

（一）听第一遍，选择正确答案 Choose the right answers after listening to the recording for the first time

1. A. 天津大学
   B. 上海大学
   C. 北京大学

2. A. 三个
   B. 十七个
   C. 二十个

3. A. 麦克在北京学汉语
   B. 北京大学没有留学生
   C. 麦克的同学都是法国人

（二）听第二遍，在横线上填出听到的汉字 Fill in the blanks with the characters you hear after listening to the recording for the second time

1. 我叫麦克，__________来中国学习汉语。
2. __________很大，有很多中国学生，也有很多外国留学生。
3. 我们班有三位_________，他们_________很好。
4. 我们班还有十七位__________。

第九课

你星期天做什么

一　语音与词语练习 Pronunciation and Words

(一)听后跟读生词 Read the words after the recording

1. 2.
3. 4.
5. 6.
7. 8.
9. 10.
11. 12.
13. 14.
15. 16.
17. 18.

(二)听录音,画出听到的音节 Underline the syllables you hear

1. A.chá	B.zhá	C.shá
2. A.bīng	B.bìng	C.pìng
3. A.jiē	B.jiě	C.jiè
4. A.hé	B.hē	C.kē
5. A.dàxué	B.tàxuě	C.xiàxuě
6. A.tiǎnshì	B.jiānshì	C.diànshì
7. A.liúshǒu	B.liùlóu	C.jiǔlóu
8. A.yǒujìnr	B.yǒuxìnr	C.yǒushìr
9. A.hēshá	B.hēchá	C.hēchā
10. A.liúxuéshēng	B.niúxuéshēng	C.liùxuésheng

（三）在横线上填出听到的音节 Fill in the blanks with the syllables you hear

1. 房______　　2. 喜______　　3. ______道

4. ______觉　　5. 课______　　6. ______汉字

（四）标出画线词语的声调 Mark the tones of the underlined words or phrases

1. Wǒ péngyou de bàba shì laoban.
2. Tā juede bú shàngkè méi guānxi.
3. Shéi dōu xǐhuan piàoliang de yifu.
4. Wǒ yě bù xǐhuan xiayu de tiānqì.
5. Jīntiān tā méiyǒu chifan jiù lái shàngkè le.
6. Nǐ tingdong wǒ shuō de huà le ma?
7. Méishìr de shihou wǒ jiù kàn diànshì.
8. Jīntiān zǎodiǎnr shuijiao ba.

（五）听录音，选择听到的句子 Choose the sentences you hear

1. A.Wǒmen de fángjiān bú tài dà.
   B.Wǒmen de fàndiàn bú tài dà.
2. A.Zhège jiǎozi tài dà le.
   B.Zhège jiàoshì tài dà le.
3. A.Duìbuqǐ, wǒ chídào le.
   B.Duìbuqǐ, wǒ zhīdào le.
4. A.Wǒmen bān yǒu sìshí ge tóngxué.
   B.Wǒmen bān yǒu shísì ge tóngxué.
5. A.Zhōngguórén de chēnghu yǒu hěn duō.
   B.Zhōngguórén de chuānghu yǒu hěn duō.
6. A.Nǐ cāi wǒmen guójiā jiào shénme míngzi?
   B.Nǐ cāi wǒmen jiā gǒu jiào shénme míngzi?
7. A.Tiānjīn de fángzi fēicháng duō.
   B.Tiānjīn de pàngzi fēicháng duō.
8. A.Wèi shénme yào qù Fǎguó ne?
   B.Wèi shénme yào qù fāhuò ne?

二　句子练习 Sentences

生词　New Words

1	休息	xiūxi	动	have a rest

（一）听句子，选择正确答案 Listen to the sentences and choose the right answers

1. A. 他的大学
   B. 他的房间
   C. 他的家
2. A. 爸爸回家了
   B. 爸爸走了
   C. 爸爸去上海了
3. A. 玩儿
   B. 做饭
   C. 学习汉语
4. A. 阿里
   B. 麦克
   C. 大卫
5. A. 睡觉
   B. 吃饭
   C. 学习
6. A. 去学校看书
   B. 回家休息
   C. 回房间睡觉
7. A. 女朋友
   B. 女同学
   C. 女儿
8. A. 做饭
   B. 看书
   C. 玩儿
9. A. 学汉语
   B. 读课文
   C. 写汉字
10. A. 朋友家
    B. 食堂
    C. 饭馆儿

（二）听句子，判断正误（对的画"√"，错的画"×"）Listen to the sentences and decide whether the following statements are true or false (write a tick for true and a cross for false)

1. 明天我去朋友家吃饭。　（　　）
2. 我哥哥有女朋友。　（　　）
3. 我不喜欢在房间写汉字。　（　　）
4. 爸爸不喜欢和孩子们玩儿。　（　　）
5. 今天早上我们都很饿。　（　　）

三　对话理解 Conversation Comprehension

生词　New Words

1	要	yào	动	to want
2	事	shì	名	thing; matter
3	难	nán	形	difficult
4	有意思	yǒu yìsi	形	interesting

(一)听对话，选择正确答案 Listen to the conversations and choose the right answers

1. A. 在房间休息
   B. 和朋友们玩儿
   C. 去朋友家
   D. 读书写字

2. A. 饭馆儿
   B. 朋友的房间
   C. 家
   D. 食堂

3. A. 安娜
   B. 玛丽
   C. 大卫
   D. 杰克

4. A. 他要做很多事
   B. 他有时间
   C. 他身体不好
   D. 他不喜欢做饭

5. A. 去学校学习
   B. 回家睡觉
   C. 在家做饭
   D. 去男的家

6. A. 北京
   B. 天津
   C. 上海
   D. 学校

(二)听长对话，选择正确答案 Listen to the conversations and choose the right answers

对话一

1. A. 玩儿
   B. 睡觉
   C. 读书

2. A. 去北京玩儿
   B. 去饭馆儿吃饭
   C. 去看安娜

3. A. 安娜身体不好
   B. 安娜要回国
   C. 安娜是她妹妹

对话二

1. A. 写汉字
   B. 读课文
   C. 做饭

2. A. 写汉字
   B. 和朋友玩儿
   C. 在房间睡觉

3. A. 小美喜欢学汉语
   B. 小美说读课文太难了
   C. 男的说写汉字有意思

四　短文理解 Passage Comprehension

生词　New Words

1	教	jiāo	动	to teach
2	机场	jīchǎng	名	airport
3	接	jiē	动	to pick up (somebody)
4	运动	yùndòng	名 / 动	sport
5	爬山	páshān	动	to climb mountain

短文一　我的学生们

（一）听第一遍，选择正确答案 Choose the right answers after listening to the recording for the first time

1. A. 学汉语
   B. 教汉语
   C. 学英语
   D. 教英语

2. A. 日本人
   B. 中国人
   C. 法国人
   D. 英国人

3. A. 马丁
   B. 阿里
   C. 玛丽
   D. 王山

4. A. 阿里是英国学生
   B. 马丁说学习不难
   C. 玛丽喜欢和朋友们玩儿
   D. 班上有十八个留学生

（二）听第二遍，在横线上填出听到的汉字 Fill in the blanks with the characters you hear after listening to the recording for the second time

1. 我的班里有十八个学生，我很________他们。
2. 玛丽是________人，她很喜欢学习汉语。
3. 法国学生阿里喜欢和__________玩儿。
4. 马丁说学习很难，他喜欢________。

短文二　他们都很忙

（一）听第一遍，选择正确答案 Choose the right answers after listening to the recording for the first time

1. A. 一班
   B. 五班
   C. 八班
   D. 三班

2. A. 大卫的哥哥
   B. 大卫的爸爸
   C. 大卫的朋友
   D. 大卫的同学

3. A. 爬山
   B. 去北京
   C. 读书
   D. 回国

4. A. 回家看爸妈
   B. 和女朋友吃饭
   C. 在房间学习
   D. 和朋友运动

（二）听第二遍，回答问题 Answer the questions after listening to the recording for the second time

1. 大卫、阿里和马丁都是哪儿的学生？
2. 大卫今天去哪儿？为什么？
3. 今天阿里为什么去爬山？
4. 今天马丁和谁去饭馆儿？

第十课

他去北京了

一　语音与词语练习 Pronunciation and Words

(一)听后跟读生词 Read the words after the recording

1.	2.
3.	4.
5.	6.
7.	8.
9.	10.
11.	12.
13.	14.

(二)听录音,画出听到的音节 Underline the syllables you hear

1. A. hán	B. hǎi	C. hái
2. A. zhèr	B. zhè	C. zhě
3. A. cháng	B. chéng	C. chén
4. A. gǎn	B. gě	C. gěi
5. A. xīn	B. xīng	C. xìn
6. A. yǐjīng	B. yì jīn	C. yìjīng
7. A. shíhóu	B. shíhou	C. shīhuǒ
8. A. shāngwù	B. shàngwǔ	C. shǎngwǔ
9. A. dāngshí	B. dànshì	C. dǎnshí
10.A. kǒushì	B. kāishǐ	C. kǎoshì

(三)在横线上填出听到的音节 Fill in the blanks with the syllables you hear

1.________上　　2. 可________　　3.________么

4. 昨________　　　　5. 告________　　　　6.________在

(四)标出画线词语的声调 Mark the tones of the underlined words or phrases

1. Dānní de fángjiān hěn <u>ganjing</u>.
2. Liúxuéshēng <u>sushe</u> yǒu diànshì ma?
3. Nǎinai shēntǐ hěn <u>jiankang</u>.
4. Wáng Lín <u>zuijin</u> máng shénme ne?
5. Xiàkè <u>yihou</u> nǐ qù nǎr chīfàn?
6. Wǒ méiyǒu gàosu tā zhège <u>xiaoxi</u>.
7. Nǐ de Zhōngwén míngzi zhēn <u>haoting</u>.
8. Jīntiān wǎnshàng yǒu shénme <u>dasuan</u>?

(五)听录音,选择听到的句子 Choose the sentences you hear

1. A. Tóngxuémen kěyǐ xiūxi yí xiàr.
   B. Tóngxuémen kěyǐ xuéxí yí xiàr.
2. A. Wǒ xiànzài yào chī shuǐjiǎo.
   B. Wǒ xiànzài yào qù shuìjiào.
3. A. Xiānsheng, yào jiā diǎnr táng ma?
   B. Xiānsheng, yào jiā diǎnr tāng ma?
4. A. Ài chī jiǎozi de dōu shì běifāngrén.
   B. Ài chī jiǎozi de duō shì běifāngrén.
5. A. Zhège háizi zhēn kě’ài.
   B. Zhège hóuzi zhēn kě’ài.
6. A. Tā měi cì dōu cháng hěn duō fàn.
   B. Tā měi cì dōu chéng hěn duō fàn.
7. A. Wǒmen jìxù zhège gùshi.
   B. Wǒmen jìshù zhège gùshi.
8. A. Lǐ xiānsheng shuōdàole hěn duō tōngzhī.
   B. Lǐ xiānsheng shōudàole hěn duō tōngzhī.

二　句子练习 Sentences

生词　New Words

1	已经	yǐjīng	副	already
2	考试	kǎoshì	名 / 动	test; exam; to take an exam
3	成绩	chéngjì	名	grade; score
4	还	hái	副	still
5	这儿	zhèr	代	here
6	但是	dànshì	连	but

（一）听句子，选择正确答案 Listen to the sentences and choose the right answers

1.

A. 

B. 

C. 

2.

A. 

B. 

C. 

3.

A. 

B. 

C. 

4.

A.  B.  C. 

5.

A.  B.  C. 

6.

A.  B.  C. 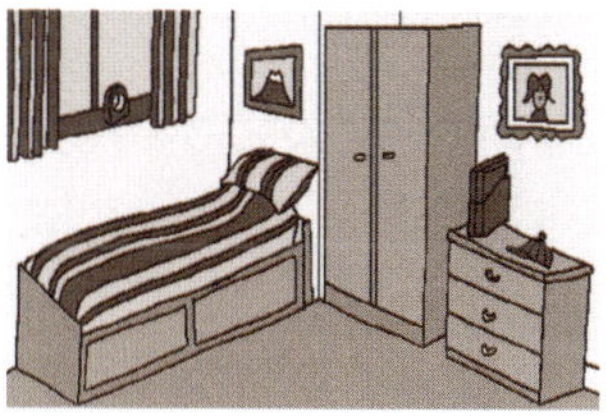

7. A. 星期三
   B. 星期五
   C. 星期一

8. A. 知道了
   B. 不知道
   C. 可能知道

9. A. 房间
   B. 教室
   C. 食堂

10. A. 明天下午
    B. 今天上午
    C. 今天下午

（二）听句子，判断正误（对的画"√"，错的画"×"）Listen to the sentences and decide whether the following statements are true or false (write a tick for true and a cross for false)

1. 我做作业了。（　　）
2. 亚当回家了。（　　）
3. 他不知道儿子的考试成绩。（　　）
4. 今天学习新课了。（　　）
5. 现在可能是下午。（　　）

三　对话理解 Conversation Comprehension

生词　New Words

1	老板	lǎobǎn	名	boss

（一）听对话，选择正确答案 Listen to the conversations and choose the right answers

1. A. 艾伦
   B. 女的
   C. 艾伦的哥哥
   D. 女的的哥哥

2. A. 饭馆儿
   B. 学校
   C. 医院
   D. 商店

3. A. 去接朋友了
   B. 去朋友家了
   C. 她朋友病了
   D. 她病了

4. A. 饭馆儿
   B. 食堂
   C. 女的家
   D. 商店

5. A. 教室
   B. 房间
   C. 医院
   D. 食堂

6. A. 两口人
   B. 三口人
   C. 四口人
   D. 五口人

（二）听长对话，选择正确答案 Listen to the conversations and choose the right answers

对话一

1. A. 睡觉
   B. 看书
   C. 考试

2. A. 今天晚上
   B. 明天上午
   C. 明天下午

3. A. 累
   B. 不累
   C. 不知道

对话二

1. A. 王林
   B. 小张的妻子
   C. 王林的妻子

2. A. 家
   B. 学校
   C. 商店

3. A. 妹妹

   B. 老板

   C. 学生

四　短文理解 Passage Comprehension

短文一　已经上课了

（一）听第一遍，选择正确答案 Choose the right answers after listening to the recording for the first time

1. A. 学生
   B. 老师
   C. 妈妈
   D. 医生

2. A. 一个
   B. 两个
   C. 三个
   D. 四个

3. A. 第十课
   B. 第四课
   C. 第十四课
   D. 第四十课

4. A. 房间
   B. 医院
   C. 商店
   D. 学校

（二）听第二遍，在横线上填出听到的汉字 Fill in the blanks with the characters you hear after listening to the recording for the second time

1. 同学们，已经 ________ 了。
2. 都进来吧，请 ________。
3. 谁 ________ 他们为什么没来？
4. 今天我们学习 ________。

（三）听第三遍，复述内容 Retell the text after listening to the recording for the third time

……，……上课了，都……，请……，……我们……。……我们班有……没有来，……谁知道……，……今天……学习……。

短文二　同学们的星期六

（一）听第一遍，选择正确答案 Choose the right answers after listening to the recording for the first time

1. A. 教室
   B. 公园
   C. 饭馆儿
   D. 商店

2. A. 看东西
   B. 见朋友
   C. 买东西
   D. 玩儿

3. A. 人很多
   B. 很漂亮
   C. 很大
   D. 很小

4. A. 房间
   B. 公园
   C. 饭馆儿
   D. 教室

（二）听第二遍，在横线上填出听到的汉字 Fill in the blanks with the characters you hear after listening to the recording for the second time

1. 今天星期六，同学们都去________了。
2. 安娜去商店________东西了。
3. 麦琪________学习。
4. 麦琪说她的________太小。

（三）听第三遍，复述内容 Retell the text after listening to the recording for the third time

……星期六，同学们……。上午比尔和……去……，安娜去……。中午亚当和……去……吃饭了。麦琪……，她说……，她去……看书了。我呢？哪儿也不去，……也很好啊。

第十一课

我们买了一些水果

一　语音和词语练习 Pronunciation and Words

（一）听后跟读生词 Read the words after the recording

1. 　　2.
3. 　　4.
5. 　　6.
7. 　　8.
9. 　　10.
11. 　　12.
13. 　　14.
15. 　　16.
17. 　　18.
19. 　　20.

（二）听录音，画出听到的音节 Underline the syllables you hear

1. A.qiǎn	B.qián	C.quán
2. A.yào	B.yòu	C.yāo
3. A.jìn	B.jīn	C.jīng
4. A.měi	B.mài	C.mǎi
5. A.máo	B.māo	C.mào
6. A.jiào	B.jiǎo	C.jiù
7. A.piānyí	B.biànyī	C.piányi
8. A.fēn	B.fēi	C.fěn
9. A.guà	B.guā	C.guāi

10.A.kuài　　　　B.kàn　　　　C.guài

（三）在横线上填出听到的音节 Fill in the blanks with the syllables you hear

1. 生________　　2. 多少________　　3.________蕉

4.________共　　5.________些　　6. 服务________

（四）标出画线词语的声调 Mark the tones of the underlined words or phrases

1. Tángnà jīntiān <u>ganmao</u> le.
2. Nǐ yào chī miàntiáor háishì <u>mifan</u>?
3. Piányi de dōngxi kěnéng <u>zhiliang</u> bù hǎo.
4. Xiǎo Wáng gěile wǒ yìxiē <u>zhongyao</u>.
5. Fúwùyuán, lái yì wǎn <u>miantiaor</u>.
6. Wǒ jiějie hěn xǐhuan chī <u>shuiguo</u>.
7. Qǐng wèn, <u>xiangjiao</u> yì jīn duōshao qián?
8. Tā jiā li yǒu sì-wǔ zhī <u>xiao mao</u>.

（五）听录音，选择听到的句子 Choose the sentences you hear

1. A.Wǒ hái yǒu yìxiē jīdàn.
   B.Wǒ hái yǒu yìxiē zǐdàn.
2. A.Yùndòngyuán shēng bìng hěn yǐngxiǎng bǐsài.
   B.Yùndòngyuán shāng bìng hěn yǐngxiǎng bǐsài.
3. A.Wǒ xiǎng kàn yìxiē shū.
   B.Wǒ xiǎng kàn yí xiàr shū.
4. A.Màikè yǒu sān-sì ge Zhōngguó péngyou.
   B.Màikè yǒu sānshí ge Zhōngguó péngyou.
5. A.Nǐ mǎile duōshao běn shū?
   B.Nǐ màile duōshao běn shū?
6. A.Wǒ méiyǒu qián, bù néng bāng nǐ.
   B.Wǒ méiyǒu quán, bù néng bāng nǐ.
7. A.Nǐ hái xiǎng jìxù děng shàng qù ma?
   B.Nǐ hái xiǎng jìxù děng xià qù ma?
8. A.Zhège bèizi zhēn piàoliang.
   B.Zhège bēizi zhēn piàoliang.

二　句子练习 Sentences

生词　New Words

1	米饭	mǐfàn	名	(cooked) rice
2	肉	ròu	名	meat
3	咱们	zánmen	代	we; us
4	找	zhǎo	动	to give change
5	花	huā	动	to spend

(一) 听句子，选择正确答案 Listen to the sentences and choose the right answers

1.

A. 
B. 
C. 

2.

A. 
B. 
C. 

3.

A. 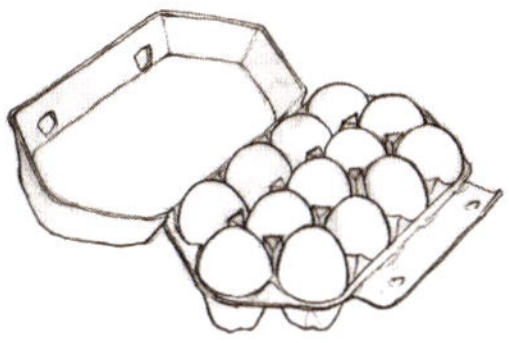
B. 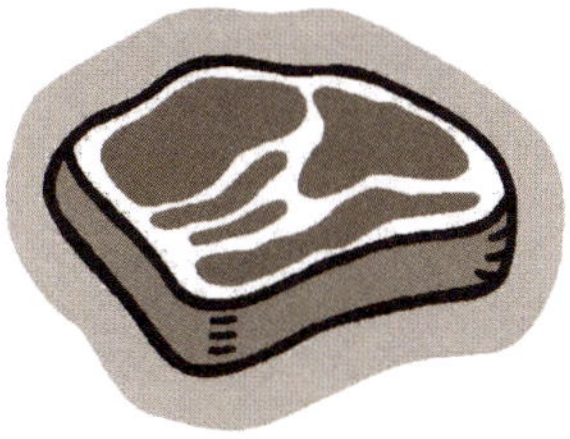
C. 

4.

A. 
B. 
C. 

5.

A. 
B. 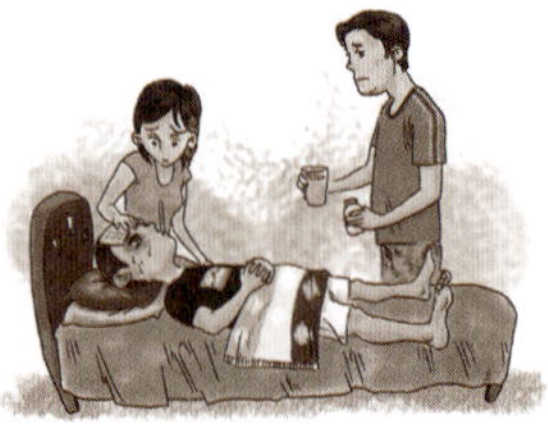
C. 

6.

A. 

B. 

C. 

7. A. 十本
B. 十二本
C. 八本

8. A. 五块
B. 十块
C. 十五块

9. A. 五个
B. 六个
C. 十五个

10. A. 四十六块
B. 五十块
C. 四块

（二）听句子，判断正误（对的画"√"，错的画"×"）Listen to the sentences and decide whether the following statements are true or false (write a tick for true and a cross for false)

1. 杰克已经吃饭了。（ ）
2. 我们去看海伦了。（ ）
3. 一个西瓜三块钱。（ ）
4. 我不知道王老师的儿子几岁。（ ）
5. 安娜昨天买东西了。（ ）

三　对话理解 Conversation Comprehension

生词　New Words

1	面包	miànbāo	名	bread
2	草莓	cǎoméi	名	strawberry

（一）听对话，选择正确答案 Listen to the conversations and choose the right answers

1. A. 面包
   B. 面条儿
   C. 水果
   D. 鸡蛋
2. A. 回国了
   B. 生病了
   C. 迟到了
   D. 睡觉了
3. A. 西瓜
   B. 草莓
   C. 苹果
   D. 香蕉
4. A. 二十六块五
   B. 二十六块八
   C. 二十六块
   D. 二十八块
5. A. 四块
   B. 八块
   C. 十块
   D. 十二块
6. A. 男的喜欢买东西
   B. 男的喜欢做饭
   C. 男的喜欢睡觉
   D. 男的喜欢看书

（二）听长对话，选择正确答案 Listen to the conversations and choose the right answers

对话一

1. A. 四块
   B. 四块二
   C. 八块
2. A. 一斤
   B. 两斤
   C. 四斤
3. A. 四块二
   B. 十块
   C. 八块

对话二

1. A. 两三天
   B. 四五天
   C. 六七天

2. A. 没休息
   B. 没吃药
   C. 没去医院

四　短文理解 Passage Comprehension

短文一　买水果

（一）听第一遍，判断正误（对的画"√"，错的画"×"）Decide whether the following statements are true or false after listening to the recording for the first time (write a tick for true and a cross for false)

1. 亨利觉得苹果很贵。（　　）
2. 亚当星期六买了一斤苹果。（　　）
3. 卖水果的觉得他的苹果便宜。（　　）
4. 亨利和阿里没有买水果。（　　）

（二）听第二遍，在横线上填出听到的汉字 Fill in the blanks with the characters you hear after listening to the recording for the second time

1. 星期六，亨利和阿里去________水果。
2. 亚当昨天买的________是四块五一斤。
3. 苹果五块________一斤。
4. ______水果的人说："我的苹果很______，不______啊。"

（三）听第三遍，复述内容 Retell the text after listening to the recording for the third time

今天……，亨利和阿里……。苹果……一斤，亨利说……，他朋友亚当……买的苹果是……。卖水果的人说："我的……，五块钱一斤，……。"阿里说："好吧，我们……。"

短文二 安妮病了

（一）听第一遍，判断正误（对的画"√"，错的画"×"）Decide whether the following statements are true or false after listening to the recording for the first time (write a tick for true and a cross for false)

1. 安妮昨天病了。 （ ）
2. 安妮今天没有去上课。 （ ）
3. 安妮吃了一些水果和鸡蛋。 （ ）
4. 亨利和阿里给安妮买了面条儿。 （ ）

（二）听第二遍，在横线上填出听到的汉字 Fill in the blanks with the characters you hear after listening to the recording for the second time

1.______安妮没有来上课，她______了。
2. 亨利和阿里给安妮买了______水果。
3. 安妮说她好多了，______同学们来看她。
4. 安妮已经吃了一点儿______。
5. 安妮吃了很多______。

（三）听第三遍，复述内容 Retell the text after listening to the recording for the third time

昨天安妮……，她……了，在房间……。亨利和阿里去……，他们买了……。安妮说……已经……，谢谢……。阿里还要给安妮……，安妮说她已经吃了一点儿……和一个……，还吃了……。

第十二课

现在几点

一　语音与词语练习 Pronunciation and Words

（一）听后跟读生词 Read the words after the recording

1.	2.
3.	4.
5.	6.
7.	8.
9.	10.
11.	12.
13.	14.

（二）听录音，画出听到的音节 Underline the syllables you hear

1. A.zhāng	B.zhān	C.zhāo
2. A.lín	B.líng	C.níng
3. A.piāo	B.piào	C.biāo
4. A.fēn	B.fěn	C.hěn
5. A.děng	B.dǎng	C.dēng
6. A.zào	B.zǎo	C.zǒu
7. A.kè	B.kě	C.ké
8. A.chuán	B.chuáng	C.chuǎng
9. A.chá	B.qià	C.chà
10.A.jǐ tiān	B.jǐ diǎn	C.jìdiàn

（三）在横线上填出听到的音节 Fill in the blanks with the syllables you hear

1.______片　　2.______机　　3. 地________

4. 售______员　　5. 火______　　6. 分______

（四）标出画线词语的声调 Mark the tones of the underlined words or phrases

1. Nǐ zuòguo Zhōngguó de gaotie ma?
2. Wǒ zài chezhan děng nǐ.
3. Běijīng de ditie hěn fāngbiàn.
4. Tāmen zuò feiji qù Guǎngzhōu.
5. Wǒ mǎi yì zhāng qù Shanghai de huǒchēpiào.
6. Nín chéngzuò de hangban mǎshàng jiù yào qǐfēi le.
7. Qǐng zhùyì jiāotōng anquan.
8. Hěn duō rén qí gòngxiǎng danche qù shàngbān.

（五）听录音，选择听到的句子 Choose the sentences you hear

1. A.Zhè shì yí liàng huǒchē.
   B.Zhè shì yí liàng huòchē.
2. A.Zhèlǐ yǒu zhōngyào de chéngfèn.
   B.Zhèlǐ yǒu zhòngyào de chéngfèn.
3. A.Liǎng zhāng qù Běijīng de piào, yào shàngwǔ de.
   B.Liǎng zhāng qù Běijīng de piào, yào shāngwù de.
4. A.Wǎngshàng yǒu hěn duō jiémù.
   B.Wǎnshàng yǒu hěn duō jiémù.
5. A.Měi ge rén de qǐdiǎn bù tóng.
   B.Měi ge rén de cídiǎn bù tóng.
6. A.Xuéyuàn yǒu yìbǎi duō ge jiàoshī.
   B.Xuéyuàn yǒu yìbǎi duō ge jiàoshì.
7. A.Duō pā duì háizi fāyù yǒu hǎochù.
   B.Duō pá duì háizi fāyù yǒu hǎochù.
8. A. Zhāng xiānsheng yǒu hěn duō gǎngbì.
   B. Zhāng xiānsheng yǒu hěn duō gāngbǐ.

二　句子练习 Sentences

生词　New Words

1	大巴	dàbā	名	coach
2	打的	dǎ dī		to take a taxi
3	地铁	dìtiě	名	subway
4	出租车	chūzūchē	名	taxi
5	高铁	gāotiě	名	high-speed rail
6	小时	xiǎoshí	名	hour
7	分钟	fēnzhōng	名	minute
8	开车	kāi chē		to drive

（一）听句子，选择正确答案 Listen to the sentences and choose the right answers

1.

A. 

B. 

C. 

2.

A. 

B. 

C. 

3.

A. 

B. 

C. 

4.

A. 

B. 

C. 

5.

A. 

B. 

C. 

6.

A. 

B. 

C. 

7. A. 星期五
   B. 星期六
   C. 星期日

8. A. 十二月十号
   B. 二月十号
   C. 二月四号

9. A. 坐出租车
   B. 坐地铁
   C. 坐高铁

10. A. 十点半
   B. 十点五十
   C. 十一点

（二）听句子，判断正误（对的画"√"，错的画"×"）Listen to the sentences and decide whether the following statements are true or false (write a tick for true and a cross for false)

1. 亚当手机上的时间不对。（　　）
2. 今天老师和同学们都休息。（　　）
3. 这个考试共一个半小时。（　　）
4. 男人都不喜欢开车。（　　）
5. 他不知道地图上的字是什么。（　　）

（三）听句子，回答问题 Listen to the sentences and answer the questions

1.______________________________

2.______________________________

3.______________________________

4.______________________________

5.______________________________

6.______________________________

7.______________________________

三 对话理解 Conversation Comprehension

生词 New Words

1	飞机	fēijī	名	plane

（一）听对话，选择正确答案 Listen to the conversations and choose the right answers

1. A. 差十分四点
   B. 差十分五点
   C. 五点五十
   D. 六点五十

2. A. 四月十号
   B. 五月十五号
   C. 六月十七号
   D. 七月十号

3. A. 五十五块
   B. 五十四块五
   C. 五十四块
   D. 五十三块五

4. A. 十点
   B. 十点十分
   C. 差十分十一点
   D. 十一点零五分

5. A. 星期二
   B. 星期三
   C. 星期四
   D. 星期五

6. A. 一个
   B. 两个
   C. 三个
   D. 四个

（二）听长对话，选择正确答案 Listen to the conversations and choose the right answers

1. A. 八点十二
   B. 八点二十
   C. 八点半

2. A. 星期五
   B. 星期六
   C. 星期日

3. A. 八点十二
   B. 八点二十
   C. 八点半

四 短文理解 Passage Comprehension

短文一 朱莉的一天

（一）听第一遍，判断正误（对的画"√"，错的画"×"）Decide whether the following statements are true or false after listening to the recording for the first time (write a tick for true and a cross for false)

1. 朱莉七点半吃早饭。 （ ）
2. 朱莉上午有四个小时的课。 （ ）
3. 朱莉可能十二点半吃午饭。 （ ）
4. 朱莉下午三点多下课。 （ ）

（二）听第二遍，在横线上填出听到的汉字 Fill in the blanks with the characters you hear after listening to the recording for the second time

1. 朱莉今天早上七点一刻________。
2. 朱莉七点半去________吃早饭。
3. 朱莉八点去教室__________。
4. ________十二点下课，朱莉________房间休息半个小时。
5. 朱莉休息半个小时再去饭馆儿__________。
6. 下午一点半上课，三点零五分________。

（三）听第三遍，说一说你的一天 Talk about your day after listening to the recording for the third time

短文二　等朋友

（一）听第一遍，判断正误（对的画"√"，错的画"×"）Decide whether the following statements are true or false after listening to the recording for the first time (write a tick for true and a cross for false)

1. 马丁今天下午三点零五分上课。　（　　）
2. 亚当今天下午不上课。　（　　）
3. 现在的时间是三点五十五分。　（　　）
4. 亚当等了马丁半个小时了。　（　　）
5. 马丁没有回来，亚当知道马丁去哪儿了。　（　　）

（二）听第二遍，在横线上填出听到的汉字 Fill in the blanks with the characters you hear after listening to the recording for the second time

1. 马丁和亚当今天下午要去书店________。
2. 马丁__________下课。
3. 亚当今天下午________课，他三点一刻在房间________马丁。
4. ________已经差五分四点了，马丁还没有回房间。
5. 亚当不________马丁去哪儿了。

（三）听第三遍，猜猜马丁可能去哪儿了 Guess where Ma Ding is after listening to the recording for the third time

第十三课

你的宿舍在哪儿

一 语音与词语练习 Pronunciation and Words

(一)听后跟读生词 Read the words after the recording

1. 2.
3. 4.
5. 6.
7. 8.
9. 10.
11. 12.
13. 14.

(二)听录音,画出听到的音节 Underline the syllables you hear

1. A.zhù B.shù C.chù
2. A.ní B.lí C.tí
3. A.yuǎn B.xiǎn C.qiǎn
4. A.jiàoshī B.jiàoshì C.jiāozhī
5. A.sìlóu B.zhǐyǒu C.shílóu
6. A.xǐchē B.qìchē C.jǐchē
7. A.xiánmiàn B.qiánbian C.qiánmian
8. A.lǐbian B.lǐmian C.línbiān
9. A.zàinàr B.zàinǎr C.zàijiā
10. A.guānyǐng B.huānyíng C.huànyǐng

(三)在横线上填出听到的音节 Fill in the blanks with the syllables you hear

1.__________人 2. 在________ 3. 很________

4. 不________ 5. 中________ 6. ________边

(四)标出画线词语的声调 Mark the tones of the underlined words or phrases

1. Dàwèi zài Mǎlì de youbian.
2. Nǐ xihuan dōngtiān háishi xiàtiān?
3. Nǐ zhīdào tushuguan zài nǎr ma?
4. Chaoshi lí wǒ jiā hěn jìn.
5. Jīntiān wǎnshang nǐ dasuan zuò shénme?
6. Xiànzài tài wǎn le, bù xiǎng fuxi le.
7. Waibian de nà liàng chē shì Wáng lǎoshī de.
8. Māma jīntiān xiūxi, bú shangban.

(五)听录音，选择听到的句子 Choose the sentences you hear

1. A.Bàba kěnéng jīntiān wǎnshang huílai.
   B.Bàba kěyǐ jīntiān wǎnshang huílai.
2. A.Tā zǒngshì jùjué zhěnglǐ.
   B.Tā zǒngshì jùjué zhēnlǐ.
3. A.Tā fùzé xuéyuàn de suǒyǒu shìwù.
   B.Tā fùzé xuéyuán de suǒyǒu shìwù.
4. A.Huānyíng nǐ lái wǒ de jiā.
   B.Xǐhuan nǐ lái wǒ de jiā.
5. A.Wǒ pāidàole cāngmǎng de yuǎnshān.
   B.Wǒ pāidàole cāngmáng de yuǎnshān.
6. A.Zhèxiē shěngfèn wǒ bú tài liǎojiě.
   B.Zhèxiē chéngfèn wǒ bú tài liǎojiě.
7. A.Wǒmen xuéxiào lǐbian yǒu hěn duō dàlóu.
   B.Wǒmen xuéxiào lǐbian yǒu hěn duō dǎshǒu.
8. A.Wǒ chéngrèn wǒ jiēguo nàxiē qián.
   B.Wǒ chéngrèn wǒ jièguo nàxiē qián.

二　句子练习 Sentences

生词　New Words

1	图书馆	túshūguǎn	名	library
2	座	zuò	量	a classifier for building
3	辆	liàng	量	a classifier for vehicles
4	前边	qiánbian	名	front
5	中间	zhōngjiān	名	middle
6	近	jìn	形	near

(一)听句子,选择正确答案 Listen to the sentences and choose the right answers

1. A. 宿舍楼
   B. 教学楼
   C. 图书馆

2. A. 三层
   B. 四层
   C. 五层

3. A. 姐姐
   B. 爸爸
   C. 妹妹

4. A. 王老师的后边
   B. 王老师的前边
   C. 王老师的左边

5. A. 饭馆儿
   B. 教室
   C. 同学家

6. A. 不太远
   B. 很远
   C. 很近

7. A. 教室里边
   B. 宿舍外边
   C. 公共汽车上

8. A. 玛丽
   B. 大卫
   C. 张明

9. A. 王老师
   B. 张老师
   C. 马老师

10. A.512
   B.518
   C.515

(二)听句子,判断正误(对的画"√",错的画"×")Listen to the sentences and decide whether the following statements are true or false (write a tick for true and a cross for false)

1. 麦克住在学校外边。（　　）
2. 今天晚上王丽去图书馆。（　　）

3. 他的宿舍楼有三层。 (　　)

4. 王京的男朋友在王京后边。 (　　)

5. 前边那座大楼就是他们的宿舍楼。 (　　)

三　对话理解 Conversation Comprehension

生词　New Words

1	怎么样	zěnmeyàng	代	how; what about

(一)听对话，选择正确答案 Listen to the conversations and choose the right answers

1. A. 学校里边
   B. 学校外边
   C. 学校前边
   D. 学校后边

2. A. 饭馆儿
   B. 朋友家
   C. 图书馆
   D. 教室

3. A. 教室前边
   B. 教室后边
   C. 宿舍前边
   D. 宿舍后边

4. A. 十层
   B. 二十层
   C. 二十多层
   D. 十多层

5. A. 宿舍楼左边
   B. 宿舍楼前面
   C. 宿舍楼后面
   D. 宿舍楼右边

6. A. 不太远
   B. 很远
   C. 很近
   D. 不太近

(二)听长对话，选择正确答案 Listen to the conversations and choose the right answers

对话一

1. A. 很小很漂亮
   B. 很大很漂亮
   C. 很小不漂亮

2. A. 星期天上午
   B. 星期天中午
   C. 星期天下午

3. A. 三点

B. 两点

C. 四点

对话二

1. A. 宿舍
B. 学校
C. 饭馆儿
D. 教室

2. A. 四层
B. 五层
C. 六层
D. 七层

3. A. 两个
B. 一个
C. 三个
D. 四个

四　短文理解 Passage Comprehension

生词　New Words

1	旁边	pángbian	名	beside
2	天津大学	Tiānjīn Dàxué	专名	Tianjin University

短文一　在教室里

（一）听第一遍，选择正确答案 Choose the right answers after listening to the recording for the first time

1. A. 宿舍
B. 教室
C. 图书馆
D. 饭馆儿

2. A. 一个
B. 两个
C. 三个
D. 四个

3. A. 李兰后边
B. 李兰前边
C. 李兰和约翰中间

4. A. 四点
B. 三点
C. 五点

D. 约翰前边　　　　D. 两点

（二）听第二遍，在横线上填出听到的汉字 Fill in the blanks with the characters you hear after listening to the recording for the second time

1. 我和张老师、约翰一起在我们的________里。
2. 我在右边，约翰在________，张老师在我们的________。
3. 每天有十五位________在这儿上课。
4. 现在没有课，同学们都在________里。

短文二　在天津大学学习

（一）听第一遍，选择正确答案 Choose the right answers after listening to the recording for the first time

1. A. 很大
   B. 很漂亮
   C. 很远
   D. 很小
2. A. 图书馆旁边
   B. 图书馆前边
   C. 图书馆左边
   D. 图书馆右边
3. A. 他的哥哥
   B. 他的弟弟
   C. 他的朋友
   D. 他的老师
4. A. 第五层
   B. 第六层
   C. 第七层
   D. 第八层

（二）听第二遍，在横线上填出听到的汉字 Fill in the blanks with the characters you hear after listening to the recording for the second time

1. 现在我在__________学习汉语。
2. __________很漂亮，我很喜欢在那儿学习。
3. 我住在________层，我的好朋友阿里住在第六________。
4. 我常去他的房间__________。

（三）听第三遍，回答问题 Answer the questions after listening to the recording for the third time

1. 今年艾伦在天津大学学习什么？
2. 艾伦常喜欢去哪儿学习？
3. 艾伦和阿里的宿舍楼在哪儿？
4. 阿里是谁？他住在哪儿？

第十四课

附近有中国银行吗

一 语音与词语练习 Pronunciation and Words

(一)听后跟读生词 Read the words after the recording

1.	2.
3.	4.
5.	6.
7.	8.
9.	10.
11.	12.
13.	14.
15.	16.

(二)听录音,画出听到的音节 Underline the syllables you hear

1. A. chóng	B.nóng	C.cóng
2. A.jīn	B.jìn	C.jǐn
3. A.cuò	B.zuò	C.suò
4. A.yǐnháng	B.yìnzhāng	C.yínháng
5. A.gōngzuò	B.hóngsè	C.zōngsè
6. A.fújǐn	B.fùjiàn	C.fùjìn
7. A.fèipiàn	B.měibian	C.běibian
8. A.shāngdiàn	B.shāntián	C.tiándiǎn
9. A.guài	B.guǎi	C.guāi
10. A.gōngyuán	B.gòngyuàn	C.hóngyuàn

（三）在横线上填出听到的音节 Fill in the blanks with the syllables you hear

1.________边　　2.________后看　　3.________色　　4. 红________灯

5. 公________　　6.________这儿走　　7.________边　　8.________院

（四）标出画线词语的声调 Mark the tones of the underlined words or phrases

1. Qǐngwèn, fujin yǒu Zhōngguó Yínháng ma?
2. Huochezhan de xībian shì yīyuàn.
3. Chaoshi lí zhèr yuǎn bu yuǎn?
4. Qiánmian yǒu yí zuò hongse de dàlóu.
5. Qù huǒchēzhàn shì cong zher wǎng qián zǒu ma?
6. Dàole lùkǒu wang you guai.
7. Wǒmen mei tian cóng shàngwǔ bā diǎn bàn shàngkè.
8. Fùjìn de huanjing hěn piàoliang.

（五）听录音，选择听到的句子 Choose the sentences you hear

1. A.Búyào zài zhèr shǎng dēng, wǒmen qù qiánbian ba.
   B.Búyào zài zhèr shǎ děng, wǒmen qù qiánbian ba.
2. A.Bàba pàng le, dùzi biàn de gǔnyuán.
   B.Bàba pàng le, dùzi biàn de húnyuán.
3. A.Zhè bù zuòpǐn méiyǒu shénme qìshì.
   B.Zhè bù zuòpǐn méiyǒu shénme qǐshì.
4. A.Xiàzhōu yuánzhǎng yào lái jiǎnchá gōngzuò.
   B.Xiàzhōu yuànzhǎng yào lái jiǎnchá gōngzuò.
5. A.Nǐ zhèyàng zuò fánghàile biérén de lìyì.
   B.Nǐ zhèyàng zuò fáng'àile biérén de lìyì.
6. A.Tīngshuō tā de zǒusī dōu shì zài nánfāng jìnxíng de.
   B.Tīngshuō tā de tóuzī dōu shì zài nánfāng jìnxíng de.
7. A.Wǒmen quánjiā dōu bù xǐhuan huǎnghuà.
   B.Wǒmen quánjiā dōu bù xǐhuan huánghuā.
8. A.Lìnà yǔ zhàngfu jiéhūn èrshí duō nián le.
   B.Lǐ Nà yǔ zhàngfu jiéhūn èrshí duō nián le.

二　句子练习 Sentences

生词　New Words

1	上边	shàngbian	名	above; over
2	下边	xiàbian	名	under; below
3	超市	chāoshì	名	supermarket
4	床	chuáng	名	bed
5	衣服	yīfu	名	clothes
6	桌子	zhuōzi	名	desk; table
7	红绿灯	hónglǜdēng	名	traffic lights

(一)听句子,选择正确答案 Listen to the sentences and choose the right answers

1. A. 路口
   B. 红绿灯
   C. 图书馆

2. A. 医院
   B. 超市
   C. 银行

3. A. 宿舍楼南边
   B. 宿舍楼北边
   C. 教学楼西边

4. A. 很多水果
   B. 很多书
   C. 很多衣服

5. A. 妹妹的
   B. 妈妈的
   C. 姐姐的

6. A. 超市
   B. 医院
   C. 图书馆

7. A. 她的宿舍
   B. 她的教室
   C. 她的学校

8. A. 玛丽右边
   B. 玛丽后边
   C. 玛丽左边

9. A. 天津大学
   B. 中国银行
   C. 超市

10. A. 下午三点
    B. 上午八点
    C. 中午十二点

(二)听句子,判断正误(对的画"√",错的画"×")Listen to the sentences and decide whether the following statements are true or false (write a tick for true and a cross for false)

1. 明明桌子上有很多东西。　　(　　)

2. 他家附近没有中国银行。 (　　)

3. 从这儿去医院，走 5 分钟就到。 (　　)

4. 中国银行在路口的东边。 (　　)

5. 他喜欢去教学楼下边的公园玩儿。 (　　)

三　对话理解 Conversation Comprehension

(一)听对话，选择正确答案 Listen to the conversations and choose the right answers

1. A. 往东走
   B. 往前走
   C. 往左走
   D. 往右走

2. A. 宿舍楼东边
   B. 宿舍楼西边
   C. 宿舍楼北边
   D. 宿舍楼南边

3. A. 医院
   B. 教室
   C. 宿舍
   D. 商店

4. A. 很不好
   B. 很大
   C. 很小
   D. 很漂亮

5. A. 东门附近
   B. 西门附近
   C. 南门附近
   D. 北门附近

6. A. 五百多米
   B. 六百多米
   C. 七百多米
   D. 八百多米

(二)听长对话，选择正确答案 Listen to the conversations and choose the right answers

对话一

1. A. 中国银行
   B. 火车站
   C. 医院

2. A. 往东走
   B. 往左拐
   C. 往右拐

3. A. 十分钟
   B. 十五分钟
   C. 二十分钟

对话二

1. A. 一个人

2. A. 学校前边

B. 一座大楼

C. 一个学校

D. 一本书

3. A. 都不知道

B. 都知道

C. 男的知道

D. 女的知道

B. 学校后边

C. 超市后边

D. 超市前边

四　短文理解 Passage Comprehension

生词　New Words

1	老人	lǎorén	名	oldman
2	小孩儿	xiǎoháir	名	children
3	件	jiàn	量	a classifier for clothes
4	张	zhāng	量	a classifier for desk
5	不错	búcuò	形	well

短文一　去公园

（一）听第一遍，选择正确答案 Choose the right answers after listening to the recording for the first time

1. A. 他家东边

B. 他家楼下

C. 朋友家楼下

D. 他家西边

2. A. 不漂亮

B. 不知道

C. 很漂亮

D. 很小

3. A. 中国银行

B. 饭馆儿

C. 医院

D. 商店

4. A. 往前走

B. 往后走

C. 往东走

D. 往西走

（二）听第二遍，在横线上填出听到的汉字 Fill in the blanks with the characters you hear after listening to the recording for the second time

1. 我家________有一个很大的公园。
2. 公园的环境很好也很________。
3. 从公园大门出来，东边是________，西边有一个________。
4. 公园______还有一个学校，往前走不远就可以到________。

（三）听第三遍，说出下面这些地方的位置 Talk about where these places are after listening to the recording for the third time

公园、中国银行、超市、学校、火车站

短文二　王京的房间

（一）听第一遍，选择正确答案 Choose the right answers after listening to the recording for the first time

1. A. 她房间的东边
   B. 她房间的西边
   C. 她房间的南边
   D. 她房间的北边

2. A. 苹果
   B. 漂亮的衣服
   C. 中文书
   D. 西瓜

3. A. 汉语书
   B. 法语书
   C. 阿拉伯语书
   D. 英语书

4. A. 很不错
   B. 不太好
   C. 不知道
   D. 不好说

（二）听第二遍，在横线上填出听到的汉字 Fill in the blanks with the characters you hear after listening to the recording for the second time

1. 我和王京都住在学校的________里。
2. 我住在 301 房间，王京的宿舍在我的________。
3. 她的房间有一张________。
4. 王京很________学习，她的汉语很不错。
5. 床上的衣服有的是王京的，有的是她________的。

（三）听第三遍，用自己的话介绍王京的房间 Introduce Wang Jing' s room after listening to the recording for the third time

第十五课

你的爱好是什么

一　语音与词语练习 Pronunciation and Words

(一)听后跟读生词 Read the words after the recording

1.	2.
3.	4.
5.	6.
7.	8.
9.	10.
11.	12.
13.	14.
15.	16.
17.	18.
19.	20.
21.	22.

(二)听录音,画出听到的音节 Underline the syllables you hear

1. A.shǎng	B.cháng	C.zhāng
2. A.zhuī	B.zuǐ	C.zuì
3. A. rè	B.sè	C.lè
4. A.kāfēi	B.kāihuì	C.huāfèi
5. A.zhàngē	B.chànggē	C.shāngē
6. A.yǒuyòng	B.yǒuzhǒng	C.yóuyǒng
7. A.zūqiú	B.chūchǒu	C.zúqiú
8. A.dàofú	B.tiàowǔ	C.jiǎobù

9. A.yǐhòu　　B.yījiù　　C.yílòu

10. A.yùnsòng　　B.yùndòng　　C.yùnyíng

(三)在横线上填出听到的音节 Fill in the blanks with the syllables you hear

1. 中国________　　2. 看________　　3.________步

4.________足球　　5. 大________　　6.________气

7.________牛奶　　8.________舞

(四)标出画线词语的声调 Mark the tones of the underlined words or phrases

1. Nǐ xǐhuan changge hé tiàowǔ ma?
2. Wǒmen dàjiā dōu zhīdào nǐ ài zuofan.
3. Dìdi de aihao yǒu hěn duō.
4. Tianqi lěng de shíhou yào hē rèshuǐ.
5. Wǒ juéde kàn diànyǐng hěn you yisi.
6. Mǎlì zuì dà de àihào shì youyong.

(五)听录音,选择听到的句子 Choose the sentences you hear

1. A.Dàwèi bù cháng qù lǚyóu.
   B.Dàwèi bù cháng qù yóuyǒng.
2. A.Nàge xiǎojiě hái yǒu bié de shū.
   B.Nàge xiǎojiě hái yào bié de shū.
3. A.Shǐjì zhōng de hěn duō rénwù wǒ bù zhīdào.
   B.Shìjì zhōng de hěn duō rénwù wǒ bù zhīdào.
4. A.Tóngwū yìzhí fēicháng xǐhuan xǐjù zuòpǐn.
   B.Tóngwū yìzhí fēicháng xǐhuan xìjù zuòpǐn.
5. A.Jǐnzhāng de tàidu bú lìyú zhè cì shìjiàn de jiějué.
   B.Jǐngzhǎng de tàidu bú lìyú zhè cì shìjiàn de jiějué.
6. A.Zhège shíjiàn tèbié hǎo.
   B.Zhège shìjiàn tèbié hǎo.
7. A.Nǐ měi tiān kàn shù yǒu yìsi ma?
   B.Nǐ měi tiān kàn shū yǒu yìsi ma?
8. A.Zhège xiǎojiě wǒ sìhū zài nǎr jiànguo.
   B.Zhège xiǎojiě wǒ sìhū zài nǎr jiànguo.

二　句子练习 Sentences

生词　New Words

1	山	shān	名	mountain; hill
2	爬	pá	动	to climb; to crawl
3	好吃	hǎochī	形	delicious
4	音乐	yīnyuè	名	music
5	故事	gùshi	名	story

(一)听句子,选择正确答案 Listen to the sentences and choose the right answers

1. A. 旅游
   B. 运动
   C. 读书

2. A. 做饭
   B. 读书
   C. 跑步

3. A. 英文
   B. 中文
   C. 法文

4. A. 跳舞
   B. 做饭
   C. 跑步

5. A. 很好看
   B. 很便宜
   C. 很好吃

6. A. 故事
   B. 衣服
   C. 牛奶

7. A. 中文电影
   B. 中国菜
   C. 中文歌

8. A. 爬山
   B. 旅游
   C. 游泳

9. A. 二十七岁
   B. 二十五岁
   C. 二十三岁

10. A. 听音乐
    B. 读书
    C. 写作业

(二)听句子,判断正误(对的画"√",错的画"×")Listen to the sentences and decide whether the following statements are true or false (write a tick for true and a cross for false)

1. 大卫常常和朋友一起踢足球。　(　　)
2. 那个饭馆儿的菜很好吃。　(　　)
3. 妹妹不喜欢听手机里的音乐。　(　　)

4. 哥哥的爱好是运动。 (   )

5. 大家都很爱吃他爸爸做的菜。 (   )

三　对话理解 Conversation Comprehension

生词　New Words

1	空气	kōngqì	名	air
2	安静	ānjìng	形	quiet;peaceful
3	干净	gānjìng	形	clean
4	好听	hǎotīng	形	pleasant to hear

(一)听对话，选择正确答案 Listen to the conversations and choose the right answers

1. A. 看电影
   B. 跑步
   C. 游泳
   D. 爬山

2. A. 可乐
   B. 牛奶
   C. 咖啡
   D. 水

3. A. 跑步
   B. 爬山
   C. 听音乐
   D. 去商店

4. A. 跑步
   B. 爬山
   C. 游泳
   D. 跳舞

5. A. 王京的朋友
   B. 王京的老师
   C. 王京的妹妹
   D. 王京的同学

6. A. 很安静
   B. 很干净
   C. 很好听
   D. 很好吃

(二)听长对话，选择正确答案 Listen to the conversations and choose the right answers

对话一

1. A. 中国银行
   B. 医院
   C. 饭馆儿

2. A. 很好听
   B. 很好看
   C. 很便宜

3. A. 银行东边
B. 商店后边
C. 医院前边

对话二

1. A. 唱歌
B. 跑步
C. 旅游
D. 爬山

2. A. 人太多
B. 太大了
C. 太冷了
D. 太热了

3. A. 运动
B. 做饭
C. 音乐
D. 学习

四　短文理解 Passage Comprehension

生词　New Words

1	旅游	lǚyóu	动	to have a trip
2	高	gāo	形	high; tall

短文一　我们的爱好

（一）听第一遍，选择正确答案 Choose the right answers after listening to the recording for the first time

1. A. 她的老师
B. 她的妹妹
C. 她的同学
D. 她的姐姐

2. A. 大卫
B. 她
C. 小星
D. 安娜

3. A. 看电影和旅游
B. 读书和听音乐
C. 唱歌和跳舞

4. A. 中文
B. 英文
C. 法文

D. 跑步和游泳　　D. 日文

（二）听第二遍，把相关内容进行连线 Connect the relevant parts with a line after listening to the recording for the second time

小星	唱歌、跳舞
我	游泳、打球
	听音乐、读书
	看电影、旅游

短文二　去爬山

（一）听第一遍，选择正确答案 Choose the right answers after listening to the recording for the first time

1. A. 他家东边
   B. 他家旁边
   C. 他家附近
   D. 他家西边

2. A. 很热
   B. 不热也不冷
   C. 很冷
   D. 不太热

3. A. 游泳
   B. 读书
   C. 爬山
   D. 学习

4. A. 面条儿
   B. 鸡蛋
   C. 苹果
   D. 水果

（二）听第二遍，在横线上填出听到的汉字 Fill in the blanks with the characters you hear after listening to the recording for the second time

1. 我家附近有一座不太高的________。
2. 但周围的环境很________，也很漂亮，我很喜欢那里。
3. 我们________了一会儿，就在山上读书、________、吃水果。
4. 孩子在附近玩儿，我们三个人都很________。

（三）听第三遍，复述内容 Retell the text after listening to the recording for the third time

我家……有一座山，山不太高，但周围的……很安静，也很漂亮。我很喜欢……。昨天是星期天，天气……，我和妻子、孩子一起去……了。爬了一会儿，我们就在山上……，孩子在……，我们三个人都很高兴。

第十六课

你给妈妈买了什么

一 语音与词语练习 Pronunciation and Words

(一)听后跟读生词 Read the words after the recording

1.	2.
3.	4.
5.	6.
7.	8.
9.	10.
11.	12.
13.	14.
15.	16.

(二)听录音，画出听到的音节 Underline the syllables you hear

1. A.shēngchī	B.shēngshì	C.shēngrì
2. A.bāng	B.pāng	C. māng
3. A.lǐfú	B.lǐwù	C.yīfu
4. A.xiánhuà	B.xiānhuā	C.xiānhuá
5. A.xīwàng	B.qīwàng	C.zhǐwàng
6. A.sòng	B.zòng	C.chòng
7. A.sāndá	B.cānjiā	C.sānjiā
8. A.lǐwù	B.tǐwù	C.níwū

(三)在横线上填出听到的音节 Fill in the blanks with the syllables you hear

1.________服	2.________礼物	3.________表
4. 一____毛衣	5. 喝________	6. 回________

7. 有________ 8. 举________

(四)标出画线词语的声调 Mark the tones of the underlined words or phrases

1. Nǐ bang wǒ xiǎngxiang hǎo ma?

2. Nǐ zhīdào shénme shíhou fang shujia ma?

3. Nǐ xiǎng he cha háishi hē kāfēi?

4. Xuéxiào wàibian de chāoshì méi yǒu chaye.

5. Nǐ de dàxué hěn youming ma?

6. Zhè kuài shoubiao zhēn piàoliang.

(五)听录音，选择听到的句子 Choose the sentences you hear

1. A.Mǎlì chángcháng ràng wǒ xué Hànyǔ.
   B.Mǎlì chángcháng bāng wǒ xué Hànyǔ.

2. A.Wǒ xiǎng sòng tā yí jiàn yīfu.
   B.Wǒ xiǎng sòng tā yí jiàn lǐwù.

3. A.Zhèxiē zhíwù zài wǒmen nàr shì kàn bú dào de.
   B.Zhèxiē shíwù zài wǒmen nàr shì kàn bú dào de.

4. A.Zhèyàng de jìlù bù yīng fāshēng zài wǒmen zhījiān.
   B.Zhèyàng de jìdu bù yīng fāshēng zài wǒmen zhījiān.

5. A.Māma shì yí wèi yánjiū Hányǔ de zhuānjiā.
   B.Māma shì yí wèi yánjiū Hànyǔ de zhuānjiā.

6. A.Lǐ zhǔrèn fēicháng shàncháng zuò zhèxiē tiáojié gōngzuò.
   B.Lǐ zhǔrèn fēicháng shàncháng zuò zhèxiē tiáojiě gōngzuò.

二 句子练习 Sentences

(一) 听句子，选择正确答案 Listen to the sentences and choose the right answers

1. A. 上周
   B. 下周
   C. 这周

2. A. 手表
   B. 手机
   C. 篮球

3. A. 电影
B. 汽车
C. 茶叶

4. A. 三周以后
B. 两周以前
C. 三天以后

5. A. 房间里
B. 桌子旁边
C. 床上

6. A. 电影票
B. 火车票
C. 飞机票

7. A. 新书
B. 新衣服
C. 新手机

8. A. 很快乐
B. 很漂亮
C. 很有名

9. A. 手机
B. 礼物
C. 朋友

10. A. 喝水
B. 喝茶
C. 喝咖啡

(二)听句子,判断正误(对的画"√",错的画"×")Listen to the sentences and decide whether the following statements are true or false (write a tick for true and a cross for false)

1. 下星期他要回国了。 (　　)
2. 他生日时,女朋友给他买了一块手表。 (　　)
3. 杰克在超市买了几瓶牛奶。 (　　)
4. 他很喜欢喝茶。 (　　)
5. 在他家,姐姐很喜欢做饭。 (　　)

三　对话理解 Conversation Comprehension

生词　New Words

1	鲜花	xiānhuā	名	flower
2	蛋糕	dàngāo	名	cake
3	晚会	wǎnhuì	名	party
4	举行	jǔxíng	动	to hold
5	参加	cānjiā	动	to join; to participate

(一)听对话,选择正确答案 Listen to the conversations and choose the right answers

1. A. 蛋糕
   B. 鲜花
   C. 手表
   D. 衣服

2. A. 喝冷水对身体不好
   B. 喝热水对身体很好
   C. 少喝水对身体也好
   D. 喝冷水对身体很好

3. A. 要过生日了
   B. 要放暑假了
   C. 要去旅游了
   D. 要吃蛋糕了

4. A. 有很多朋友帮他
   B. 没有人帮他学习
   C. 汉语很难学
   D. 汉语不难学

5. A. 每人喜欢的礼物不一样
   B. 大家喜欢的都一样
   C. 安娜喜欢鲜花
   D. 妹妹喜欢新衣服

6. A. 她不想喝咖啡
   B. 她不想喝茶
   C. 她想喝水
   D. 她想喝牛奶

(二)听长对话,选择正确答案 Listen to the conversations and choose the right answers

对话一

1. A. 女的要过生日
   B. 男的要过生日
   C. 他们要过新年了
   D. 他们要去旅游了

2. A. 饭店很漂亮
   B. 饭店的菜很好吃
   C. 可以吃饭、唱歌、跳舞
   D. 饭店的菜很便宜

3. A. 中心医院东边
   B. 中国银行东边
   C. 火车站北边
   D. 公共汽车站西边

对话二

1. A. 三件衣服
   B. 两块手表
   C. 一个手机
   D. 很多本书

2. A. 丽娜要买很多书
   B. 男的要买很多书
   C. 丽娜给弟弟买礼物
   D. 女的给男的买礼物

3. A. 回国看爸爸妈妈
   B. 去中国漂亮的地方玩儿
   C. 在学校学习汉语
   D. 在家好好休息

四　短文理解 Passage Comprehension

生词　New Words

1	笑话	xiàohua	名	joke
2	难忘	nánwàng	形	unforgettable
3	光盘	guāngpán	名	disk
4	寄	jì	动	to send
5	封	fēng	量	a classifier for letter
6	信	xìn	名	letter

短文一　　十八岁的生日

（一）听第一遍，选择正确答案 Choose the right answers after listening to the recording for the first time

1. A. 他家里
   B. 附近的饭馆儿
   C. 朋友的家里
   D. 离他家很远的饭馆儿

2. A. 二十多人
   B. 十几个人
   C. 三十多人
   D. 几个人

3. A. 有手机、手表和鲜花
   B. 有鲜花、手机和音乐书
   C. 有鲜花、音乐光盘和书
   D. 有手表、衣服和音乐书

4. A. 唱了很多中文歌
   B. 跳了舞
   C. 讲了很多故事
   D. 讲了很多笑话

（二）听第二遍，在横线上填出听到的汉字 Fill in the blanks with the characters you hear after listening to the recording for the second time

1. 昨天是我十八岁的________。
2. 爸爸妈妈在我家附近的________为我举行了一个生日晚会。

3. 他们都给我带来了生日________。

4. 妈妈买了一个很大的蛋糕，我们一起吃蛋糕、________、跳舞。

5. 这个十八岁生日对我来说非常________。

短文二　一封信

（一）听第一遍，选择正确答案 Choose the right answers after listening to the recording for the first time

1. A. 四个
   B. 五个
   C. 六个
   D. 七个

2. A. 安娜的宿舍
   B. 楼下的公园
   C. 小星的教室
   D. 楼下的饭馆儿

3. A. 他们班最漂亮的女生
   B. 她的男朋友学习音乐
   C. 她常帮我学汉语
   D. 她最好的朋友

4. A. 他会唱歌和跳舞
   B. 他会讲故事和笑话
   C. 他学习很好
   D. 他常常帮助同学

（二）听第二遍，在横线上填出听到的汉字 Fill in the blanks with the characters you hear after listening to the recording for the second time

1. 你们上星期给我________的生日礼物我收到了。

2. 我______的男生叫马克，是英国人，他常帮我学汉语。

3. 我右边的女生是玛丽，她是我最好的________。

4. 我后边的女生是我的中国朋友小星，她喜欢________。

5. 小星的男朋友已经________了，是个英语老师。

6. 照片最________的人叫大卫，非常有意思，会讲故事和________。

（三）听第三遍，介绍一下儿信中提到的几个人 Introduce the following peoples after listening to the recording for the third time

1. 马克
2. 玛丽
3. 小星
4. 小星的男朋友
5. 大卫
6. 安娜

第十七课

电影院离我家不远

一 语音与词语练习 Pronunciation and Words

（一）听后跟读生词 Read the words after the recording

1. 2.
3. 4.
5. 6.
7. 8.
9. 10.
11. 12.
13. 14.
15. 16.
17. 18.

（二）听录音，画出听到的音节 Underline the syllables you hear

1. A.xúnyào	B.xūyào	C.qùyào
2. A.xǐzǎo	B.qǐzǎo	C.xǐhào
3. A.zhuōyóu	B.zuòjiù	C.zuǒyòu
4. A.qiánmiàn	B.jiànmiàn	C.jiànbiàn
5. A.gōngzuò	B.kōngzuò	C.gōngzi
6. A.juédé	B.juéduì	C.juéde
7. A.fēicháng	B.fēizhǎng	C.féicháng
8. A.bàozhǐ	B.bāozi	C.páozhi

（三）在横线上填出听到的音节 Fill in the blanks with the syllables you hear

1.________到　　2.________班　　3.________司　　4. 分________

5. 下________　　6. 一________　　7. ________们　　8. 电________

（四）标出画线词语的声调 Mark the tones of the underlined words or phrases

1. Jírì qǐ, quánbù shāngpǐn qī zhé youhui.
2. Wǒ cóng bù zhuigan shímáo.
3. Shāndǐng de fēngjǐng ràng wǒ fēicháng zhenhan.
4. Māma cānjiāle laonian shízhuāng biǎoyǎnduì.
5. Shǔjià li jiàoshòu wancheng le hěn duō gōngzuò.
6. Bàozhǐ shang yǒu hěn duō chūzū guanggao.
7. Quedian jiù shì zhè fùjìn méiyǒu gōnggòngqìchē.
8. Xīnjiā zhōuwéi huanjing hěn hǎo,mǎi dōngxi yě hěn fāngbiàn.

（五）听录音，选择听到的句子 Choose the sentences you hear

1. A.Tā de chúnxíng tèbié piàoliang.
   B.Tā de qúnxíng tèbié piàoliang.
2. A.Wǒ xiǎng zài zhèr fùjìn zū fángzi.
   B.Wǒ xiǎng zài zhèr fùjìn chūzū fángzi.
3. A.Zài Běijīng mǎi fángzi xūyào hěn duō qián.
   B.Zài Nánjīng mǎi fángzi xūyào hěn duō nián.
4. A.Zhè piàn cǎochǎng tèbié shìhé tī zúqiú.
   B.Zhè piàn cāochǎng tèbié shìhé tī zúqiú.
5. A.Fángzi suīrán xiǎo le diǎnr,dànshì hángqíng zhēn hǎo.
   B.Fángzi suīrán xiǎo le diǎnr,dànshì fángxíng zhēn hǎo.
6. A.Xīnjiā de qiángbiān jiù yǒu yí ge yòu'éryuán.
   B.Xīnjiā de pángbiān jiù yǒu yí ge yòu'éryuán.
7. A.Zhège qiángbì shì lánsè de.
   B.Zhège qiānbǐ shì lánsè de.
8. A.Jīnnián fàngjià wǒ dǎsuàn qù xuéxí huàxué.
   B.Jīnnián fàngjià wǒ dǎsuàn qù xuéxí huáxuě.

二　句子练习 Sentences

生词　New Words

1	交通	jiāotōng	名	traffic；transportation
2	方便	fāngbiàn	形	convenient
3	打电话	dǎ diànhuà		to make a call
4	长江	Chángjiāng	专名	the Changjiang River
5	合适	héshì	形	suitable
6	别	bié	副	don't

(一)听句子，选择正确答案 Listen to the sentences and choose the right answers

1. A. 很好吃
   B. 不好吃
   C. 不知道

2. A. 十六岁
   B. 十八岁
   C. 二十岁

3. A. 四千公里左右
   B. 六千公里左右
   C. 五千公里左右

4. A. 找妈妈
   B. 回房间
   C. 打电话

5. A. 两块五
   B. 三块
   C. 五块

6. A. 四点半
   B. 五点
   C. 五点半

7. A. 七点
   B. 六点半
   C. 六点

8. A. 爸爸没有手表
   B. 我的生日
   C. 爸爸的生日

9. A. 不合适
   B. 太小了
   C. 不好看

10. A. 很方便
    B. 不太方便
    C. 不知道

(二)听句子，判断正误(对的画"√"，错的画"×")Listen to the sentences and decide whether the following statements are true or false (write a tick for true and a cross for false)

1. 他今天来得早。　　(　　)
2. 他们学校的学生有二百个左右。　　(　　)

3. 他们明天要去图书馆。 (　　)

4. 明天天气很好。 (　　)

5. 他今天去看电影。 (　　)

三　对话理解 Conversation Comprehension

生词　New Words

1	打折	dǎzhé	动	to discount
2	修	xiū	动	to repair
3	地铁	dìtiě	名	subway
4	堵车	dǔchē	动	traffic jam
5	搬家	bānjiā	动	to move

(一)听对话，选择正确答案 Listen to the conversations and choose the right answers

1. A. 今天
   B. 明天
   C. 星期五
   D. 星期六

2. A. 八点
   B. 八点半
   C. 九点
   D. 九点半

3. A. 二十八岁
   B. 二十九岁
   C. 三十岁
   D. 三十一岁

4. A. 公司
   B. 超市
   C. 机场
   D. 学校

5. A. 医院
   B. 学校
   C. 公司
   D. 车站

6. A. 上课的人很多
   B. 没有上课的人
   C. 只有十个人上课
   D. 上课的人不太多

(二)听长对话，选择正确答案 Listen to the conversations and choose the right answers

对话一

1. A. 交通方便

2. A. 二十分钟

B. 房子很大

C. 房子很好

3. A. 走路

B. 坐地铁

C. 坐公共汽车

B. 一个小时左右

C. 两个多小时

对话二

1. A. 电影院

B. 咖啡店

C. 路口

3. A. 不太远

B. 很远

C. 不知道

2. A. 电影院旁边

B. 路前面

C. 路口右边

四　短文理解 Passage Comprehension

生词　New Words

1	过年	guònián	动	to celebrate the Spring Festival
2	生气	shēngqì	形 / 动	get angry
3	平常	píngcháng	副	usually

短文一　看电影

（一）听第一遍，选择正确答案 Choose the right answers after listening to the recording for the first time

1. A.《过年》

B.《回家》

C.《见面》

D.《朋友》

3. A. 电影院门口

2. A. 不好

B. 没意思

C. 不错

D. 有意思

4. A. 五分钟

B. 李小英家门口
C. 学校门口
D. 商店门口

B. 十分钟
C. 一刻钟
D. 五十分钟

（二）听第二遍，在横线上填出听到的汉字 Fill in the blanks with the characters you hear after listening to the recording for the second time

1. 今天我和李小英吃了________去看电影了。
2. 我们打算在李小英家门口儿________，走到电影院大概五分钟。
3. 很多人都说这个电影________，我也________这个电影很不错。
4. 我来中国上学，都三年没________了。
5. 看了这个电影________我很想家。

（三）听第三遍，回答问题 Answer the questions after listening to the recording for the third time

1. 他们今天打算做什么？为什么？
2. 他们为什么想看《过年》？
3. 他觉得这个电影怎么样？

短文二　我又迟到了

（一）听第一遍，选择正确答案 Choose the right answers after listening to the recording for the first time

1. A. 上星期
B. 上个月
C. 下星期
D. 下个月

2. A. 身体不好
B. 很晚起床
C. 常堵车
D. 很生气

3. A. 十分钟
B. 二十分钟
C. 半个小时
D. 一个小时

4. A. 二十分钟
B. 半个小时
C. 一个小时
D. 两个多小时

（二）听第二遍，在横线上填出听到的汉字 Fill in the blanks with the characters you hear after listening to the recording for the second time

1. 还有一个星期就期末________了。

2. 我睡得晚起得也晚，所以上课常常__________。

3. 王老师很生气，因为________上课，我__________才到。

4. 我________晚上三点才睡，睡了三个小时就________来学校了。

5. 我在________等了半个小时，公共汽车才来。

6. 因为今天下雨，路上________，又堵了一个多小时车。

（三）听第三遍，回答问题 Answer the questions after listening to the recording for the third time

1. 王老师为什么生气？

2. 他今天为什么迟到？

3. 你平常几点睡觉几点起床？

第十八课

我习惯了这里的生活

一　语音与词语练习 Pronunciation and Words

(一)听后跟读生词 Read the words after the recording

1.　　　　2.

3.　　　　4.

5.　　　　6.

7.　　　　8.

9.　　　　10.

11.　　　　12.

13.　　　　14.

15.　　　　16.

17.　　　　18.

(二)听录音,画出听到的音节 Underline the syllables you hear

1. A.xǐhuān　B.xīguǎn　C.xíguàn
2. A.duànliàn　B.duǎnliàn　C.duàndiàn
3. A.ránhòu　B.nánshòu　C.lánhuǒ
4. A.qīngchù　B.qīngchǔ　C.qīngchú
5. A.cāntiān　B.zàntíng　C.cāntīng
6. A.yùxǐ　B.yùxí　C.yǔxì
7. A.chídào　B.zhīdào　C.chìdào
8. A.shàngwǎng　B.shāngwáng　C.shuāngwáng

(三)在横线上填出听到的音节 Fill in the blanks with the syllables you hear

1.________假　2. 必________　3.________街　4. 洗________

5.________不多　　6. 聊________　　7.________业　　8.________般

（四）标出画线词语的声调 Mark the tones of the underlined words or phrases

1. Cái yóule yí ge xiǎoshí,jiù <u>jinpilijin</u> le.
2. Jīntiān de zuòyè <u>shizai</u> tài duō le,zěnme yě zuò bu wán.
3. Wǒ xíguàn zài gōngzuò zhīyú <u>daochu</u> qù kànkan.
4. Zǒngshì yǒu zhèyàng nàyàng de shìqing <u>danwu</u> shíjiān.
5. Wǒ shízài tài <u>pibei</u> le,xiǎng xiān shuì yí ge xiǎoshí.
6. Bànzhe <u>xiyang</u> xiàbān zhēn shì jiàn xìngfú de shìr.
7. Zhè shì yí bù <u>langman</u> de dūshì àiqíng yǐngpiàn.
8. Tā xiǎng bìyè yǐhòu <u>shenqing</u> dào guówài jìxù xuéxí.

（五）听录音，选择听到的句子 Choose the sentences you hear

1. A.Zhèlǐ yǎngle wǔshí duō pǐ jūnmǎ.
   B.Zhèlǐ yǎngle wǔshí duō pǐ jùnmǎ.
2. A.Tā de huàr huà de búcuò.
   B.Tā de huār huà de búcuò.
3. A.Tā hěn xǐhuan tóngwū, chángcháng hé tāmen liáotiānr.
   B.Tā hěn xǐhuan dòngwù, chángcháng hé tāmen liáotiānr.
4. A.Tā zhège rén shuōhuà hěn qīngfú.
   B.Tā zhège rén shuōhuà hěn qīngchu.
5. A.Shuāngfāng jiānchíle sān ge xiǎoshí, cái suǒdìng shèngjú.
   B.Shuāngfāng jiāngchíle sān ge xiǎoshí, cái suǒdìng shèngjú.
6. A.Zhè xiàng chuántǒng jìshu yǐjīng shīchuánle hěn duō nián le.
   B.Zhè xiàng chuántǒng yìshu yǐjīng shīchuánle hěn duō nián le.
7. A.Huánjìng bǎohù de wèntí yǐnqǐ rénmen de guānzhù.
   B.Huánjìng bǎohù de wèntí yǐnqǐ rénmen de zhùyì.
8. A.Jīntiān tāmen jiù kāizhāng le.
   B.Jīntiān tāmen jiù kāichàng le.

二　句子练习 Sentences

生词　New Words

1	油腻	yóunì	形	greasy
2	困	kùn	形 / 动	sleepy
3	结果	jiéguǒ	名	result
4	继续	jìxù	副	continually
5	眼睛	yǎnjing	名	eyes

(一) 听句子，选择正确答案 Listen to the sentences and choose the right answers

1. A. 看了很长时间了
   B. 没有电视
   C. 电视很小

2. A. 离教室不远
   B. 离教室很远
   C. 离宿舍很近

3. A. 学习
   B. 睡觉
   C. 上课

4. A. 学生
   B. 老师
   C. 医生

5. A. 他觉得好吃
   B. 他觉得不好吃
   C. 他习惯了

6. A. 非常好
   B. 不太好
   C. 非常小

7. A. 写信
   B. 打电话
   C. 上网

8. A. 身体不好
   B. 没睡觉
   C. 复习了很长时间

9. A. 八点
   B. 九点
   C. 十点

10. A. 不好喝
    B. 不太方便
    C. 对身体不好

(二) 听句子，判断正误(对的画"√"，错的画"×")Listen to the sentences and decide whether the following statements are true or false (write a tick for true and a cross for false)

1. 他想放假的时候回国。（　　）
2. 他已经睡了很长时间了。（　　）
3. 他考试的结果不好。（　　）

4. 他们工作一个小时了。　　　　　　　　　　　　（　　）

5. 麦克在这里两年了。　　　　　　　　　　　　（　　）

三　对话理解 Conversation Comprehension

生词　New Words

1	一般	yìbān	形	common
2	骑	qí	动	to ride (a bicycle)
3	自行车	zìxíngchē	名	bicycle; bike
4	认真	rènzhēn	形	conscientious
5	坚持	jiānchí	动	to persist in; to insist on
6	理由	lǐyóu	名	reason; excuse
7	检查	jiǎnchá	动	to check
8	着急	zháojí	形	be anxious

（一）听对话，选择正确答案 Listen to the conversations and choose the right answers

1. A. 医院
   B. 学校
   C. 银行
   D. 宿舍

2. A. 生病了
   B. 没睡觉
   C. 身体很好
   D. 身体不好

3. A. 不好
   B. 一般
   C. 很好
   D. 没人知道

4. A. 七八个小时
   B. 八九个小时
   C. 十个小时
   D. 十几个小时

5. A. 每天见面
   B. 不常聊天儿
   C. 关系很好
   D. 不打电话

6. A. 银行太远
   B. 不想去
   C. 走路去
   D. 骑车去

（二）听长对话，选择正确答案 Listen to the conversations and choose the right answers

对话一

1. A. 九点多
   B. 十点多
   C. 十一点

2. A. 男的学习认真
   B. 男的喜欢足球
   C. 男的学习不认真

3. A. 老师和学生
   B. 妈妈和儿子
   C. 丈夫和妻子

对话二

1. A. 一个小时
   B. 两个小时
   C. 一个上午

2. A. 每天锻炼
   B. 不会游泳
   C. 年纪很大

3. A. 身体不好
   B. 生活习惯
   C. 时间很多

四　短文理解 Passage Comprehension

生词　New Words

1	打	dǎ	动	to do
2	京剧	jīngjù	名	Beijing Opera
3	太极拳	tàijíquán	名	shadowboxing
4	广场舞	guǎngchǎngwǔ	名	square dance

短文一　我的一天

（一）听第一遍，选择正确答案 Choose the right answers after listening to the recording for the first time

1. A. 一个月

2. A. 两节

B. 两个月　　B. 四节

C. 一年　　C. 六节

D. 两年　　D. 八节

3. A. 一个下午
B. 二十分钟
C. 两节课
D. 一个小时

4. A. 喝咖啡
B. 聊天儿
C. 学习
D. 锻炼

（二）听第二遍，在横线上填出听到的汉字 Fill in the blanks with the characters you hear after listening to the recording for the second time

1. 我来中国________两个月了，已经________了这里的生活。
2. 上午我们有四节课，中间我们__________二十分钟。
3. 这个时候我去吃________，喝一杯咖啡。
4. 午饭以后我__________睡一会儿。
5. 晚饭以后我常常去操场________身体。

（三）听第三遍，回答问题 Answer the questions after listening to the recording for the third time

1. 他每天上午做什么？
2. 他每天下午做什么？
3. 你每天都做什么？

短文二　晨练

（一）听第一遍，选择正确答案 Choose the right answers after listening to the recording for the first time

1. A. 五点
B. 六点
C. 七点
D. 八点

2. A. 跳舞
B. 散步
C. 吃饭
D. 打太极拳

3. A. 散步
B. 跳广场舞
C. 打太极拳

4. A. 半个小时
B. 一个小时
C. 一个半小时

D. 跑步　　　　　　　　　　　　D. 两个小时

（二）听第二遍，在横线上填出听到的汉字 Fill in the blanks with the characters you hear after listening to the recording for the second time

1. 王老师和＿＿＿＿＿＿起床以后去公园里晨练。
2. 这个公园就在他们家＿＿＿＿＿＿，走路几分钟就到了。
3. 他爱人常常和朋友们＿＿＿＿＿＿跳广场舞。
4. 吃完早饭，他们再回到公园，跟朋友们一起＿＿＿＿＿＿。
5. 王老师回到家先＿＿＿＿＿＿，然后和爱人一起做饭。
6. 午饭后他们＿＿＿＿＿＿电视，睡两个小时午觉。

（三）听第三遍，回答问题 Answer the questions after listening to the recording for the third time

1. 王老师在公园都做什么？
2. 吃完早饭他们做什么？
3. 你知道什么是"广场舞"吗？

第十九课

周末去附近旅行

一 语音与词语练习 Pronunciation and Words

（一）听后跟读生词 Read the words after the recording

1. 2.
3. 4.
5. 6.
7. 8.
9. 10.
11. 12.
13. 14.
15. 16.
17. 18.

（二）听录音，画出听到的音节 Underline the syllables you hear

1. A.huànjìng	B.huánjìng	C.huānqìng
2. A.zhōumǒu	B.shōumò	C.zhōumò
3. A.huòzhě	B.huózhe	C.huǒzāi
4. A.fǎngsòng	B.fàngsōng	C.fàngkōng
5. A.kōngqì	B.kòngxì	C.gòngqì
6. A.kǔxīn	B.hùxī	C.hūxī
7. A.chéngshì	B.céngcì	C.chéngxìn
8. A.qínxián	B.xīnxiān	C.qīngxián

（三）在横线上填出听到的音节 Fill in the blanks with the syllables you hear

1. 而________　2. 心________　3. 特________　4.________合

5. 意________ 6. 一________ 7. 风________ 8. 打________

（四）标出画线词语的声调 Mark the tones of the underlined words or phrases

1. Xiàkè de shíhou tā zǒngshì youchangyoutiao de.

2. Tā àiren tèbié cōngming xianhui.

3. Zhèr de fēngjǐng kěshì chū le míng de youmei.

4. Zánmen háishì zuò gonggongqiche qù ba.

5. Nǐ xiǎng chī xīcān háishì zhongcan?

6. Nàlǐ búdàn huánjìng búcuò, érqiě cài de weidao yě hěn hǎo.

7. Jù qìxiàngjú bōbào, běnshì kōngqì zhìliàng zhishu wéi liángjí.

8. Lǚxíng tú zhōng pǐncháng dāngdì de fengqingmeishi hé xīnxiān shuǐguǒ.

（五）听录音，选择听到的句子 Choose the sentences you hear

1. A.Dāngshí yǔ xià de hěn dà, zhǎo bú dào lù.

   B.Dànshì yǔ xià de hěn dà, zhǎo bú dào lù.

2. A.Wǒmen háishì xiǎng mǎi shuāng xuēzi.

   B.Wǒmen háishì xiǎng mǎi shuāng xiézi.

3. A.Zhège dìfang de fēngjǐng hěn tèbié.

   B.Zhège dìfang de fēngqíng hěn tèbié.

4. A.Yòuhǎoyòukuài de Zhōngguó xiàolǜ chǎnshēng lìbì.

   B.Yòuhǎoyòukuài de Zhōngguó xiàolǜ chǎnshēng lìyì.

5. A.Tā jīntiān yí ge rén lái Zhōngguó.

   B.Tā jīnnián yí ge rén lái Zhōngguó.

6. A.Xuéxiào fùjìn yǒu hěn duō xiǎodiàn.

   B.Xuéxiào fùjìn yǒu hěn duō shāngdiàn.

7. A.Tāmen cānjiāle gōnghuì lǚxíng.

   B.Tāmen cānjiāle gōngfèi lǚxíng.

8. A.Měi ge zhōumò wǒ dōu qù cānjiā huódòng.

   B.Měi ge zhōurì wǒ dōu qù cānjiā huódòng.

二　句子练习 Sentences

生词　New Words

1	减肥	jiǎnféi	动	to reduce weight
2	秋天	qiūtiān	名	autumn; fall
3	干燥	gānzào	形	dry
4	护照	hùzhào	名	passport
5	季节	jìjié	名	season

(一)听句子,选择正确答案 Listen to the sentences and choose the right answers

1. A. 学校
   B. 医院
   C. 图书馆
2. A. 很远
   B. 很近
   C. 不大
3. A. 不舒服
   B. 减肥
   C. 生病
4. A. 写作业
   B. 去超市
   C. 打电话
5. A. 教室
   B. 医院
   C. 食堂
6. A. 工作太多了
   B. 和人吃饭去了
   C. 路上堵车了
7. A. 不漂亮
   B. 不新鲜
   C. 不干净
8. A. 春天
   B. 秋天
   C. 夏天
9. A. 书包
   B. 护照
   C. 钱包
10. A. 学校
    B. 医院
    C. 公园

(二)听句子,判断正误(对的画"√",错的画"×")Listen to the sentences and decide whether the following statements are true or false (write a tick for true and a cross for false)

1. 我们班打算去北京。　(　　)
2. 我星期六不能去上海。　(　　)
3. 学校附近有一座山。　(　　)

4. 在房间里休息很有意思。 (　　)

5. 周末的时候我只喜欢游泳。 (　　)

三　对话理解 Conversation Comprehension

生词　New Words

1	出发	chūfā	动	to set out; to start off
2	开会	kāihuì	动	to meet; to hold a meeting
3	着	zhe	助	
4	离开	líkāi	动	to leave; to depart from

(一)听对话，选择正确答案 Listen to the conversations and choose the right answers

1. A. 宿舍楼下
   B. 学校门口
   C. 图书馆门口
   D. 教室里

2. A. 开车
   B. 坐地铁
   C. 坐出租车
   D. 坐公共汽车

3. A. 生病
   B. 学习
   C. 旅游
   D. 工作

4. A. 周末去旅游
   B. 周末在家
   C. 想想很有用
   D. 那儿风景不好

5. A. 咖啡不好喝
   B. 只喜欢水
   C. 可能睡不着
   D. 不喜欢茶

6. A. 这里很有意思
   B. 这里有很多人
   C. 这里是大城市
   D. 这里空气很好

(二)听长对话，选择正确答案 Listen to the conversations and choose the right answers

对话一

1. A. 很远也很贵
   B. 交通不方便
   C. 他们都很喜欢

2. A. 特别高
   B. 山上空气不好
   C. 山上风景很美

3. A. 游泳

B. 爬山

C. 工作

对话二

1. A. 同学

B. 护照

C. 妈妈

2. A. 房间里

B. 床上

C. 书包里

3. A. 出国学习

B. 出国旅游

C. 出国工作

四　短文理解 Passage Comprehension

生词　New Words

1	份	fèn	量	a classifier for job
2	地方	dìfang	名	place
3	毕业	bìyè	名/动	graduation; to graduate
4	重要	zhòngyào	形	important
5	长城	Chángchéng	专名	the Great Wall
6	颐和园	Yíhéyuán	专名	the Summer Palace

短文一　周末的打算

（一）听第一遍，选择正确答案 Choose the right answers after listening to the recording for the first time

1. A. 生病了

B. 有了新工作

C. 去旅游了

D. 每天打电话

2. A. 今天

B. 星期五

C. 星期六

D. 星期日

3. A. 风景不太好
B. 在山的旁边
C. 去的人很多
D. 饭菜不好吃

4. A. 散步
B. 爬山
C. 休息
D. 聊天儿

（二）听第二遍，在横线上填出听到的汉字 Fill in the blanks with the characters you hear after listening to the recording for the second time

1. 最近________没看到张丽，听说她找到了一份新________。
2. 我想和张丽见面聊天儿，休息一下儿，放松放松_______。
3. 我想在她家门口________，因为那座山离她家不太远。
4. 在山上的饭馆儿吃饭能看到美丽的________。
5. 去那里吃饭的人________多，要先打电话才能有________。
6. 吃完饭再在山上走走，________一下儿________的空气。

（三）听第三遍，回答问题 Answer the questions after listening to the recording for the second time

1. 他们为什么想去爬山？
2. 为什么去那家饭馆儿的人很多？
3. 用自己的话说说他们的打算。

短文二　毕业旅行

（一）听第一遍，选择正确答案 Choose the right answers after listening to the recording for the first time

1. A. 上星期
B. 上个月
C. 下星期
D. 下个月

2. A. 结婚了
B. 有钱了
C. 要工作了
D. 要毕业了

3. A. 长城
B. 颐和园
C. 公园
D. 高山

4. A. 有树有花
B. 风景优美
C. 非常便宜
D. 空气新鲜

（二）听第二遍，在横线上填出听到的汉字 Fill in the blanks with the characters you hear after listening to the recording for the second time

1. 下个星期我要和同学们一起参加毕业________。

2. 学校说我们可以________去颐和园________去爬长城。

3. 很多老人都去颐和园锻炼________。

4. 但是我们班同学都想去________看看。

5. 大家能__________地一起爬长城。

6. 最________的是全班同学一块儿玩儿才最有意思。

（三）听第三遍，回答问题 Answer the questions after listening to the recording for the second time

1. 长城的风景怎么样？

2. "不到长城非好汉"是什么意思？

3. 他们去长城有哪些理由？

第二十课

我六岁就会游泳了

一 语音与词语练习 Pronunciation and Words

(一)听后跟读生词 Read the words after the recording

1. 2.
3. 4.
5. 6.
7. 8.
9. 10.
11. 12.
13. 14.
15. 16.
17. 18.

(二)听录音，画出听到的音节 Underline the syllables you hear

1. A.zuìjìn	B.zhìjīn	C.zhuìjī
2. A.qiànfèi	B.jiǎnféi	C.jiāngfēi
3. A.wēnxí	B.wéntǐ	C.wèntí
4. A.zǔzhī	B.zǔzhǐ	C.zhǔzhǐ
5. A.shūshu	B.sùshù	C.shǔshù
6. A.cānjiǎ	B.chǎnjià	C.cānjiā
7. A.wūrǎn	B.wēnwǎn	C. wǔliǎn
8. A.bísāi	B.bǐsài	C.biānsài

(三)在横线上填出听到的音节 Fill in the blanks with the syllables you hear

1.________近　　2.________习　　3.________时　　4.________叔

5. 自______车　　6.________织　　7.________常　　8. 锻________

(四)标出画线词语的声调 Mark the tones of the underlined words or phrases

1. Diéyǒng jìshù shì zài wāyǒng dòngzuò shang yanbian érlái de.
2. Jiǎnféi shǔyú yǐ jiǎnshǎo tizhong wéi mùdì de xíngwéi fāngshì.
3. Gòngxiǎng dānchē shì yì zhǒng xīnxíng gòngxiǎng jingji.
4. Yǔtiān luhua qìchē yào duōjiā zhùyì.
5. Wěiqì páifàng zaocheng dàqì wūrǎn.
6. Tā néng hé wǒmen yiqi cānjiā huìyì ma?
7. Hěn duō wàiguó xuésheng xiǎng lái Zhōngguó liuxue.
8. Wǒmen cóng zaoshang bā diǎn bàn dào shí'èr diǎn shàngkè.

(五)听录音,选择听到的句子 Choose the sentences you hear

1. A.Wǒ liǎojiě tā, tā bú huì zhème zuò de.
   B.Wǒ lǐjiě tā, tā bú huì zhème zuò de.
2. A.Wǒmen kàn wǎngshàng de diànyǐng, zěnmeyàng?
   B.Wǒmen kàn wǎnshang de diànyǐng, zěnmeyàng?
3. A.Kuài bǎ tāmen fàngkāi.
   B.Kuài bǎ tāmen fēnkāi.
4. A.Huánjìng wūrǎn yǐnqǐ guǎngfàn guānzhù.
   B.Huánjìng wūrǎn yǐnfā guǎngfàn guānzhù.
5. A.Xiànzài fàngsōng shì zuìhǎo de xuǎnzé.
   B.Xiànzài fàngshǒu shì zuìhǎo de xuǎnzé.
6. A.Shìdàng de duànliàn néng jiǎnshǎo tǐzhòng.
   B.Shìdàng de duànliàn néng jiǎnqīng tǐzhòng.
7. A.Nǐ cānjiā chànggē bǐsài le ma?
   B.Nǐ cānjiā gēchàng bǐsài le ma?
8. A.Bú àn guīzé xíngshǐ shì zàochéng jiāotōng yōngdǔ de zhǔyào yuányīn.
   B.Bú àn guīzé xíngshǐ shì zàochéng jiāotōng yōngdǔ de zhòngyào yuányīn.

二　句子练习 Sentences

生词　New Words

1	以前	yǐqián	副	before; previously; ago
2	邀请	yāoqǐng	动	to invite; to request

（一）听句子，选择正确答案 Listen to the sentences and choose the right answers

1. A. 上课　B. 买东西　C. 问路
2. A. 图书馆　B. 商店　C. 银行
3. A. 去旅游了　B. 有事儿　C. 生病了
4. A. 足球比赛　B. 跑步比赛　C. 游泳比赛
5. A. 喝酒了　B. 病了　C. 不会开车
6. A. 他不会汉语　B. 他学习汉语　C. 他会说汉语
7. A. 汉语　B. 法语　C. 英语
8. A. 他在听音乐　B. 他在睡觉　C. 孩子在睡觉
9. A. 说话人　B. 妹妹　C. 不知道
10. A. 骑自行车　B. 坐出租车　C. 坐公共汽车

（二）听句子，判断正误（对的画"√"，错的画"×"）Listen to the sentences and decide whether the following statements are true or false (write a tick for true and a cross for false)

1. 他今天可以喝酒。（　　）
2. 邻居一岁就会走路了。（　　）
3. 骑自行车污染环境。（　　）
4. 他晚上不去看电影。（　　）
5. 他教爸爸游泳。（　　）

三　对话理解 Conversation Comprehension

生词　New Words

1	接	jiē	动	to pick up (somebody)
2	报名	bàomíng	动	to sign up
3	感兴趣	gǎnxìngqu		to be interested in

(一)听对话，选择正确答案 Listen to the conversations and choose the right answers

1. A. 骑车
   B. 开车
   C. 坐车
   D. 走路

2. A. 足球比赛
   B. 自行车比赛
   C. 游泳比赛
   D. 学习比赛

3. A. 雨很小
   B. 雨很大
   C. 很热
   D. 很冷

4. A. 回家了
   B. 来晚了
   C. 不看电影了
   D. 早来了

5. A. 男的对京剧感兴趣
   B. 女的学习汉语
   C. 男的想看京剧
   D. 女的想看京剧

6. A. 不锻炼身体
   B. 每天都吃饭
   C. 饭很油腻
   D. 她喜欢胖

(二)听长对话，选择正确答案 Listen to the conversations and choose the right answers

对话一

1. A. 汉语课
   B. 游泳课
   C. 足球课

2. A. 星期一
   B. 星期二
   C. 星期日

3. A. 三百块钱二十次
   B. 三百块钱三十次
   C. 三百块钱四十次

对话二

1. A. 老师
   B. 医生
   C. 男朋友

2. A. 吃药了
   B. 生病了
   C. 太累了

3. A. 老师
   B. 男朋友
   C. 同学

四 短文理解 Passage Comprehension

生词 New Words

1	建议	jiànyì	名	to suggest; to propose
2	到处	dàochù	副	everywhere; at all places
3	好处	hǎochù	名	benefit
4	共享单车	gòngxiǎng dānchē	专名	sharing bikes
5	驾照	jiàzhào	名	driving license
6	倒车	dàochē	动	to back a car

短文一 坚持运动

（一）听第一遍，选择正确答案 Choose the right answers after listening to the recording for the first time

1. A. 工作太多
   B. 减肥了
   C. 生病了
   D. 游泳了

2. A. 多锻炼
   B. 去游泳
   C. 骑自行车
   D. 多跑步

3. A. 多锻炼
B. 去游泳
C. 骑自行车
D. 踢足球

4. A. 很便宜
B. 心情好
C. 能减肥
D. 很方便

（二）听第二遍，在横线上填出听到的汉字 Fill in the blanks with the characters you hear after listening to the recording for the second time

1. 最近我________生病，也瘦了很多。
2. 大家都________我多锻炼。老师说可以去______，可是我不会。
3. 跑步能锻炼身体，还能______呢。
4. 玛丽建议我可以骑________。
5. 现在________都是共享单车，又方便又________。
6. 这些建议都不错，但是选哪个运动都要________才有用。

（三）听第三遍，回答问题 Answer the questions after listening to the recording for the third time

1. 他喜欢谁的建议？为什么？
2. 跑步有哪些好处？
3. 说说你平时怎么锻炼身体？

短文二　没有驾照不能开车

（一）听第一遍，选择正确答案 Choose the right answers after listening to the recording for the first time

1. A. 开车
B. 爬山
C. 聊天儿
D. 停车

2. A. 他没有中国的驾照
B. 他不会开车
C. 他没有护照
D. 他不想开车

3. A. 爬山
B. 聊天儿
C. 倒车
D. 停车

4. A. 他们爬山了
B. 他们没有爬山
C. 他们没回家
D. 山里人太多

（二）听第二遍，在横线上填出听到的汉字 Fill in the blanks with the characters you hear after listening to the recording for the second time

1. 我和麦克想一起去附近的公园______。
2. 麦克不能开车，________他没有中国的驾照。
3. 我们______我开车去公园，麦克帮我________。
4. 到了公园______，看到那里已经没有______停车了。
5. ______停车的地方走了________才到公园门口。
6. 快到中午的______，我们又走回停车的地方开车回家了。

（三）听第三遍，回答问题 Answer the questions after listening to the recording for the third time

1. 他们为什么要开车去？
2. 麦克能在中国开车吗？为什么？
3. 他们最后爬山了吗？为什么？

第二十一课

蓝的好看还是黄的好看

一　语音与词语练习 Pronunciation and Words

(一)听后跟读生词 Read the words after the recording

1.	2.
3.	4.
5.	6.
7.	8.
9.	10.
11.	12.
13.	14.
15.	16.
17.	18.

(二)听录音,画出听到的音节 Underline the syllables you hear

1. A.jiēhūn	B.jiéhūn	C.jiěkùn
2. A.qúnzi	B.jūnzǐ	C.xúnzǐ
3. A.kāishǐ	B.kāishì	C.gàishì
4. A.bǐnggān	B.bīnguǎn	C.pínkuān
5. A.jùxíng	B.jùxīng	C.jǔxíng
6. A.guójiā	B.kuòjiàn	C.huòjià
7. A.kèrén	B.kěrén	C.hérén
8. A.yǎnsè	B.yǎnshēng	C.yánsè

(三)在横线上填出听到的音节 Fill in the blanks with the syllables you hear

1. 合______　　2.______忙　　3. 黄______　　4.______统

5. 但______ 6. 新______ 7.______礼 8. 皮______

(四)标出画线词语的声调 Mark the tones of the underlined words or phrases

1. Bāozi shì Tiānjīn de chuántǒng meishi.
2. Wǒ xiǎng mǎi yì tiáo lianyiqun.
3. Zhè shuāng gaogenxie hěn shìhé nǐ.
4. Zhōngguó de hūnlǐ duō yǐ hóngsè weizhu.
5. Xīnláng yǔ qīnyǒu dào nüfang jiā yíngqǔ xīnniáng.
6. Duōshù xīnniáng xuanze chuān báisè de hūnshā.
7. Qǐng gěi wǒ yì zhāng fapiao.
8. Zhè jiā xīn kāi de fàndiàn caise búcuò.

(五)听录音,选择听到的句子 Choose the sentences you hear

1. A.Tā jīngcháng qù Běijīng.
   B.Tā jīngcháng qù biānjìng.
2. A.Wǒmen de yánjiū méiyǒu jiélùn.
   B.Wǒmen de yánjiū méiyǒu jiéshù.
3. A.Zhèxiē fānyì bú duì.
   B.Zhèxiē fāyīn bú duì.
4. A.Qǐng nǐ tántan Zhōngguó de Tiānjīn.
   B.Qǐng nǐ tántan Zhōngguó de tiānqì.
5. A.Xiànzài qù Àozhōu lǚyóu de rén yuèláiyuè duō le.
   B.Xiànzài qù Ōuzhōu lǚyóu de rén yuèláiyuè duō le.
6. A.Zhèxiē qúnzi tài xiǎo le.
   B.Zhèxiē qúnzi tài shǎo le.
7. A.Zhè shì tā de qīzi.
   B.Zhè shì tā de qízǐ.
8. A.Zhèxiē fūrén dōu shì cóng Měiguó lái de.
   B.Zhèxiē fùrén dōu shì cóng Měiguó lái de.

二　句子练习 Sentences

生词　New Words

1	食物	shíwù	名	food
2	冰	bīng	名	ice
3	裤子	kùzi	名	pants; trousers

（一）听句子，选择正确答案 Listen to the sentences and choose the right answers

1. A. 红色
   B. 蓝色
   C. 白色

2. A. 书包
   B. 手表
   C. 手机

3. A. 有名的饭店
   B. 有名的学校
   C. 有名的城市

4. A. 打的
   B. 开车
   C. 坐车

5. A. 朋友的
   B. 说话人的
   C. 老师的

6. A. 朋友的
   B. 老师的
   C. 说话人的

7. A. 中国的文化
   B. 有名的食物
   C. 传统的食物

8. A. 那位小姐喝冰咖啡
   B. 他要热咖啡
   C. 这杯可能是那位小姐的

9. A. 他觉得书都很好
   B. 他想便宜点儿买
   C. 书都是朋友的

10. A. 李红
    B. 玛丽
    C. 说话人

（二）听句子，判断正误（对的画"√"，错的画"×"）Listen to the sentences and decide whether the following statements are true or false (write a tick for true and a cross for false)

1. 妈妈想买红色的裤子。（　　）
2. 玛丽没有自行车。（　　）
3. 我的书包很新。（　　）
4. 安娜有一条红裙子。（　　）
5. 超市很远。（　　）

三　对话理解 Conversation Comprehension

生词　New Words

1	爱人	àirén	名	husband or wife
2	箱子	xiāngzi	名	box; case
3	重	zhòng	形	heavy
4	轻	qīng	形	light
5	新款	xīnkuǎn	名	new style
6	淘宝	táobǎo	专名	Taobao

（一）听对话，选择正确答案 Listen to the conversations and choose the right answers

1. A. 十年
   B. 一年
   C. 一个星期
   D. 十个星期

2. A. 男的
   B. 女的
   C. 男的的爱人
   D. 女的的爱人

3. A. 咖啡
   B. 茶叶
   C. 书
   D. 药

4. A. 公司
   B. 超市
   C. 教学楼
   D. 宿舍

5. A. 医院
   B. 学校
   C. 公司
   D. 车站

6. A. 女人外出东西多
   B. 女人爱旅游
   C. 东西都很贵
   D. 东西都很好

（二）听长对话，选择正确答案 Listen to the conversations and choose the right answers

对话一

1. A. 很新
   B. 淘宝买的
   C. 很旧

2. A. 商店
   B. 淘宝网
   C. 超市

3. A. 便宜
   B. 很贵
   C. 合适

对话二

1.A. 电影院
B. 咖啡馆
C. 商店

2. A. 爱人
B. 孩子
C. 自己

3. A. 蓝色
B. 红色
C. 白色

四　短文理解 Passage Comprehension

生词　New Words

1	香水	xiāngshuǐ	名	perfume
2	杯子	bēizi	名	cup; glass
3	打开	dǎkāi	动	to open
4	矮	ǎi	形	short

短文一　李小英的桌子

(一)听第一遍，选择正确答案 Choose the right answers after listening to the recording for the first time

1. A. 香水
B. 书
C. 照片
D. 杯子

2. A. 李小英买的
B. 是生日礼物
C. 老师送的
D. 朋友送的

3. A. 新的
B. 大的
C. 旧的
D. 小的

4. A. 黑的
B. 粉的
C. 蓝的
D. 白的

（二）听第二遍，在横线上填出听到的汉字 Fill in the blanks with the characters you hear after listening to the recording for the second time

1. 李小英的______上有很多东西。
2. 香水是______的，______是一个朋友送的。
3. 李小英很______看书，她每天都去______学习。
4. 桌子的里面放着鲜花和______，这些都是她男朋友送的。
5. 她男朋友很喜欢送她小______。
6. 桌子上还有一个新手机，是她爸爸妈妈______她的生日礼物。

（三）听第三遍，回答问题 Answer the questions after listening to the recording for the third time

1. 李小英的桌子上都有什么？
2. 李小英的香水是哪里买的？
3. 你觉得李小英的男朋友怎么样？为什么？

短文二　女人的东西就是多

（一）听第一遍，选择正确答案 Choose the right answers after listening to the recording for the first time

1. A. 学习
   B. 旅游
   C. 开会
   D. 工作

2. A. 衣服
   B. 鞋子
   C. 茶叶
   D. 日用品

3. A. 黄的
   B. 黑的
   C. 绿的
   D. 红的

4. A. 药
   B. 鞋
   C. 咖啡
   D. 日用品

（二）听第二遍，在横线上填出听到的汉字 Fill in the blanks with the characters you hear after listening to the recording for the second time

1. 上个星期我和李小英去上海______。
2. 她的箱子里有七八条______，还有好几双______。
3. 还有一个小红包，包里都是______。

4. 箱子里还有两盒黑黑的________，是咖啡和减肥_______。

5. 李小英已经很_______了，可是每天还要减肥。

6. 她还带了________书，都是从图书馆_______的。

(三)听第三遍，回答问题 Answer the questions after listening to the recording for the third time

1. 李小英的箱子里都有什么东西？

2. 你减肥吗？你觉得怎么减肥好？

3. 你出门旅行都带什么东西？

第二十二课

我在买东西呢

一 语音与词语练习 Pronunciation and Words

(一)听后跟读生词 Read the words after the recording

1.	2.
3.	4.
5.	6.
7.	8.
9.	10.
11.	12.
13.	14.
15.	16.
17.	18.
19.	20.

(二)听录音,画出听到的音节 Underline the syllables you hear

1. A.yíyàng	B.yìyàng	C.yíxiàng
2. A.bànjià	B.bānjiā	C.bǎngjià
3. A.juédìng	B.juédǐng	C.quèdìng
4. A.zǒngshì	B.zhōngshì	C.zòngshǐ
5. A.jiànshén	B.jiànshēn	C.qiànshēn
6. A.náme	B.nàmèn	C.nàme
7. A.zhènzāi	B.zhèngzài	C.zhènzhái
8. A.pàngzi	B.pánzi	C.pánsī

(三)标出画线词语的声调 Mark the tones of the underlined words or phrases

1. Yīnwèi bāo diū le, suǒyǐ wǒ qù zhǎo jingcha.
2. Zhè jiàn shìr zhēn shì tài qiguai le.
3. Zhè suǒ dàxué fujin yǒu hěn duō měilì de fēngjǐng.
4. Túshūguǎn yīlóu dàtīng yǒu yì zhāng tèbié shufu de shāfā.
5. Nǐ kěyǐ lái cānjiā wǒmen měi zhōurì de hechangtuan.
6. Hànyǔ suiran bù róngyì xué, dànshì duì zhǎo gōngzuò yǒu bangzhu.
7. Zài gaosu gonglu shang kāichē tài wēixiǎn le.
8. Yào xiǎng yǒu hǎo chéngjì, yīnggāi jianchi buxie de nǔlì xuéxí.

(四)听录音,选择听到的句子 Choose the sentences you hear

1. A.Zhèxiē dà dōu shì hěn zhòngyào de dōngxi.
   B.Zhèxiē dà duō shì hěn zhòngyào de dōngxi.
2. A.Shì zài jùchǎng de xǐshǒujiān wàibian diū de.
   B.Shì zài jīchǎng de xǐshǒujiān wàibian diū de.
3. A.Tā fāxiàn zìjǐ de zhàngfu tūrán yǒule hěn duō qián.
   B.Tā fāxiàn zìjǐ de zhànghù tūrán yǒule hěn duō qián.
4. A.Tā zuìjìn cháng hé péngyou shìpíng liáotiān.
   B.Tā zuìjìn cháng hé péngyou shìpín liáotiānr.
5. A.Wǒ fāxiàn fēicháng shòu de nǚshēng yě zài jiǎnféi.
   B.Wǒ fāxiàn fēicháng shòu de nǚshén yě zài jiǎnféi.
6. A.Zhèlǐ yǒu hěn duō zhǒng yǐzi, nǐ xíguàn nǎ zhǒng?
   B.Zhèlǐ yǒu hěn duō zhǒng yǐzi, nǐ xǐhuan nǎ zhǒng?
7. A.Gāngcái Huáng lǎoshī shuōle hěn duō zhōngyào de shìqing.
   B.Gāngcái Wáng lǎoshī shuōle hěn duō zhòngyào de shìqing.
8. A.Duō qù wàibian zǒuzou kěyǐ kàndào měilì de fēngjǐng.
   B.Duō qù wàibian zǒuzou kěyǐ gǎndào měilì de fēngqíng.

二 句子练习 Sentences

生词 New Words

1	间	jiān	量	a classifier for rooms
2	操场	cāochǎng	名	playground

（一）听句子，选择正确答案 Listen to the sentences and choose the right answers

1. A. 
B. 

C. 

2. A. 
B. 
C. 

3. A. 公园
B. 操场
C. 健身房

4. A. 复习
B. 等人
C. 买东西

5. A. 不错
B. 不干净
C. 很干净

6. A. 下雨
B. 没时间
C. 不想去

7. A. 一楼
B. 三楼
C. 七楼

8. A. 减肥
B. 没有钱
C. 锻炼身体

9. A. 大卫
B. 大卫的弟弟
C. 大卫和弟弟

10. A. 便宜
B. 是工作
C. 是生活习惯

（二）听句子，判断正误（对的画"√"，错的画"×"）Listen to the sentences and decide whether the following statements are true or false (write a tick for true and a cross for false)

1. 哥哥正在英国留学。 （ ）
2. 李刚常常去图书馆学习。 （ ）
3. 他的新家离办公室很远。 （ ）
4. 她和姐姐的裙子都是蓝色的。 （ ）
5. 山田不知道什么时候来中国。 （ ）
6. 丽娜正在房间和朋友聊天儿。 （ ）

三 对话理解 Conversation Comprehension

生词 New Words

1	照片	zhàopiàn	名	photograph
2	拿	ná	动	to take

（一）听对话，选择正确答案 Listen to the conversations and choose the right answers

1. A. 睡觉
   B. 吃午饭
   C. 打电话
   D. 买衣服

2. A. 宿舍
   B. 教室
   C. 办公室
   D. 健身房

3. A. 搬家了
   B. 帮朋友买
   C. 东西很便宜
   D. 喜欢新的东西

4. A. 听音乐
   B. 预习新课
   C. 看新课文
   D. 听课文录音

5. A. 有很多时间
   B. 想去中国旅游
   C. 因为工作需要
   D. 喜欢学习语言

6. A. 山上空气好
   B. 可以放松心情
   C. 可以锻炼身体
   D. 不想去别的地方

（二）听长对话，选择正确答案 Listen to the conversations and choose the right answers

对话一

1. A. 饭店里
   B. 出租车上
   C. 公共汽车上
   D. 公共汽车站

2. A. 四点一刻
   B. 四点五十
   C. 五点二十
   D. 五点五十

3. A. 举行婚礼
   B. 参加晚会
   C. 走路去饭店
   D. 参加婚礼

对话二

1. A. 在饭馆吃饭
   B. 看一些照片
   C. 给女儿做饭
   D. 举行生日晚会

2. A. 饭馆儿
   B. 王京家里
   C. 张明家里
   D. 女儿朋友家里

3. A. 张明
   B. 张明的妻子
   C. 张明的女儿
   D. 张明的父母

四　短文理解 Passage Comprehension

生词　New Words

1	什么的	shénme de		and so on

短文一　搬家

（一）听第一遍，选择正确答案 Choose the right answers after listening to the recording for the first time

1. A. 碗
   B. 椅子
   C. 裙子
   D. 桌子
2. A. 很便宜
   B. 搬了新家
   C. 送给同屋
   D. 要去旅游
3. A. 在上海
   B. 公园里
   C. 图书馆旁边
   D. 办公室附近
4. A. 很干净
   B. 交通方便
   C. 环境不好
   D. 房价便宜
5. A. 打电话
   B. 打扫房间
   C. 在上海旅游
   D. 在商店买东西

（二）听第二遍，判断正误（对的画"√"，错的画"×"）Decide whether the following statements are true or false after listening to the recording for the second time (write a tick for true and a cross for false)

1. 她新家的周围环境不太干净。（　　）
2. 商店的人是她的朋友，所以可以帮她送东西。（　　）
3. 上个星期她没有时间打扫新房间。（　　）
4. 她在等丽亚一起去图书馆学习。（　　）
5. 丽亚正在给她的同屋打电话。（　　）

短文二　锻炼身体

（一）听第一遍，选择正确答案 Choose the right answers after listening to the recording for the first time

1. A. 公园
   B. 操场
2. A. 半个小时
   B. 一个小时

C. 足球场

D. 健身房

C. 两个小时

D. 两个半小时

3. A. 太胖了

B. 有意思

C. 常常生病

D. 喜欢跑步

4. A. 很便宜

B. 空气好

C. 人比较少

D. 认识新朋友

（二）听第二遍，判断正误（对的画"√"，错的画"×"）Decide whether the following statements are true or false after listening to the recording for the second time (write a tick for true and a cross for false)

1. 他刚来中国的时候总是在房间里不出去。（　　）
2. 很多人去健身房锻炼是为了减肥。（　　）
3. 他认识一些很瘦的人，他们身体都不太好。（　　）
4. 最近他每天晚上去外边教阿姨跳舞。（　　）

（三）听第三遍，回答问题 Answer the questions after listening to the recording for the third time

1. 刚来中国的时候，他为什么身体不好？
2. 最近他常常怎么锻炼？
3. 去公园和去健身房的好处分别是什么？
4. 你常常锻炼身体吗？去哪儿锻炼？怎么锻炼？

第二十三课

我胖了还是瘦了

一 语音与词语练习 Pronunciation and Words

(一)听后跟读生词 Read the words after the recording

1.	2.
3.	4.
5.	6.
7.	8.
9.	10.
11.	12.
13.	14.
15.	16.
17.	18.
19.	20.

(二)听录音,画出听到的音节 Underline the syllables you hear

1. A.jíhuài	B.qíguài	C.qīkuài
2. A.jǐngchá	B.jīngchá	C.jīngcháng
3. A.zhōngyào	B.zhòngyào	C.zǒngyào
4. A.jīzhǎng	B.jùchǎng	C.jīchǎng
5. A.qíshí	B.qíshì	C.qísī
6. A.zhījǐ	B.zìqǐ	C.zìjǐ
7. A.shuǐrǎn	B.suīrán	C.suìyán
8. A.xìnyòng	B.xíngróng	C.xīnróng

（三）标出画线词语的声调 Mark the tones of the underlined words or phrases

1. Wǒ yǒu hěn duō aihao, bǐrú chànggē，tiàowǔ，dǎ lánqiú shénme de.
2. Zhège gōngyuán de caodi shang chángcháng zuòzhe hěn duō rén.
3. Zìcóng tā chuxian yǐhòu, wǒ de shēnghuó biàn de yìtāhútú.
4. Wǒ dàile hěn duō dōngxi huíguó, xinglixiang yòudàyòuzhòng, děi tuōyùn.
5. Wǒ duì Zhōngguó gōngfu tèbié gan xingqu,suǒyǐ lái dào zhèr liúxué.
6. Nà wèi lǎo huajia tūrán ná chūlai yì zhī huàbǐ kāishǐ huahuar.
7. Shìchǎng jīngjì jìngzhēng hěn lìhai, shangchang hǎoxiàng zhanchang yíyàng.
8. Zhè jǐ nián shouji zhifu zài rìcháng shēnghuó zhōng yuèláiyuè pǔbiàn le.

（四）听录音，选择听到的句子 Choose the sentences you hear

1. A.Tā gāngcái shuō de nà zhǒng fāngfǎ yǐjīng bù shǐyòng le.
   B.Tā gāngcái shuō de nà zhǒng fāngfǎ yǐjīng bù shíyòng le.
2. A.Nǎinai háishì bú tài xǐhuan chéngshì li de shēnghuó.
   B.Nǎinai háishì bú tài xíguàn chéngshì li de shēnghuó.
3. A.Tā juéde zìjǐ hǎoxiàng zǒu jìn le yí ge huànjìng.
   B.Tā juéde zìjǐ hǎoxiàng zǒu jìn le yí ge huànjǐng.
4. A.Wǒ méi gēn tā tíguò shòudào jiǎnglì de shìqing.
   B.Wǒ méi gēn tā tíguò shōudào jiǎnlì de shìqing.
5. A.Tāmen zhèng chǔyú qiúzhí jiēduàn,nǐ yīnggāi dōu gǔlì.
   B.Tāmen zhèng chǔyú qiúzhī jiēduàn,nǐ yīnggāi duō gǔlì.
6. A.Lǎolǐ jiā li wéiyī de nǚ'ér shàng ge yuè chūjià le.
   B.Lǎolǐ jiā li wéiyī de nǚ'ér shàng ge yuè chūjiā le.
7. A.Zhè wèi jiàoshòu rènwéi jìshu jiàoyù hěn zhòngyào.
   B.Zhè wèi jiàoshòu rènwéi jīchǔ jiàoyù hěn zhòngyào.
8. A.Sùshè li xīn huàn de chuángdān shì tiānlánsè de.
   B.Sùshè li xīn huàn de chuángdān shì tiānránsè de.

二　句子练习 Sentences

生词　New Words

1	准备	zhǔnbèi	动 / 名	to prepare; to get ready
2	减	jiǎn	动	to reduce; to decrease
3	个子	gèzi	名	height(of people)

（一）听句子，选择正确答案 Listen to the sentences and choose the right answers

1. A. 

B. 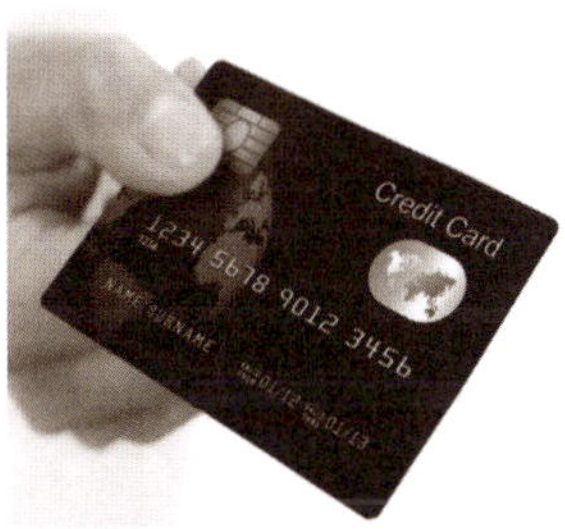

C. 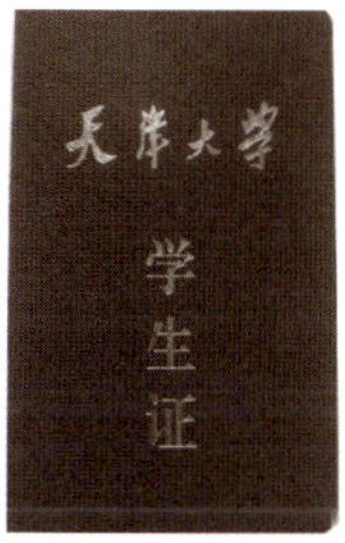

2. A. 
B. 
C. 

3. A. 机场
   B. 飞机上
   C. 办公室

4. A. 贵了
   B. 便宜了
   C. 卖完了

5. A. 瘦了
   B. 胖了
   C. 长高了

6. A. 生病了
   B. 朋友病了
   C. 去旅游了

7. A. 回国
   B. 看电视
   C. 和家人聊天儿

8. A. 他们认识
   B. 他不知道为什么
   C. 他告诉过那个男人

9. A. 环境很好
B. 菜很好吃
C. 他不想再来

10. A. 喜欢照相
B. 没带照相机
C. 手机是新买的

（二）听句子，判断正误（对的画“√”，错的画“×”）Listen to the sentences and decide whether the following statements are true or false (write a tick for true and a cross for false)

1. 姐姐一直没有工作过。（ ）
2. 他的汉语语法和口语都不太好。（ ）
3. 小红的身体不好，每天都要去医院看病。（ ）
4. 他瘦了，但是个子没变。（ ）
5. 王芳以前不想跟他们一起去上海。（ ）
6. 哥哥最近工作很忙，不去锻炼身体了。（ ）

三 对话理解 Conversation Comprehension

生词 New Words

1	钱包	qiánbāo	名	wallet
2	现金	xiànjīn	名	cash
3	丈夫	zhàngfu	名	husband

（一）听对话，选择正确答案 Listen to the conversations and choose the right answers

1. A. 现在八点
B. 电影开始了
C. 女的表快了
D. 女的表慢了

2. A. 水果洗完了
B. 水果还没洗
C. 男的生病了
D. 女的身体很好

3. A. 回国结婚
B. 去香港旅游
C. 去香港结婚
D. 参加朋友的婚礼

4. A. 瘦了
B. 胖了
C. 很注意体重
D. 不喜欢以前的衣服

5. A. 男的想去超市
   B. 女的带了信用卡
   C. 他们都没带钱包
   D. 他们都没有现金

6. A. 飞机起飞了
   B. 男的起晚了
   C. 男的出来得不晚
   D. 女的没带护照

(二)听长对话，选择正确答案 Listen to the conversations and choose the right answers

对话一

1. A. 教室
   B. 办公室
   C. 图书馆
   D. 洗手间

2. A. 半个小时
   B. 一个小时
   C. 一个半小时
   D. 两个小时

3. A. 还没毕业
   B. 一会儿有课
   C. 是王老师的学生
   D. 不想在办公室等

对话二

1. A. 同学
   B. 爸爸和女儿
   C. 丈夫和妻子
   D. 客人和服务员

2. A. 树很多
   B. 风景很美
   C. 空气新鲜
   D. 来的人不多

3. A. 有孩子
   B. 住在城市里
   C. 以前来过这儿
   D. 打算搬过来住

四　短文理解 Passage Comprehension

生词　New Words

1	司机	sījī	名	driver
2	警察局	jǐngchájú	名	police office
3	凉	liáng	形	cool

短文一　钱包丢了

（一）听第一遍，选择正确答案 Choose the right answers after listening to the recording for the first time

1. A. 送朋友
   B. 坐飞机
   C. 找钱包
   D. 买礼物

2. A. 现金
   B. 照片
   C. 护照
   D. 信用卡

3. A. 钱包很贵
   B. 有很多现金
   C. 信用卡有很多钱
   D. 钱包是男朋友送的

4. A. 飞机上
   B. 警察局
   C. 出租车上
   D. 机场的洗手间

5. A. 朋友
   B. 警察
   C. 男朋友
   D. 出租车司机

（二）听第二遍，判断正误（对的画"√"，错的画"×"）Decide whether the following statements are true or false after listening to the recording for the second time (write a tick for true and a cross for false)

1. 钱包里的信用卡是新做的。　（　　）
2. 她和朋友一起找钱包，但都没找到。　（　　）
3. 她是和朋友一起坐出租车来机场的。　（　　）
4. 出租车司机打电话告诉她钱包在哪儿。　（　　）

5. 她在警察局见到了那位出租车司机。（　　）

短文二　谁病了

（一）听第一遍，选择正确答案 Choose the right answers after listening to the recording for the first time

1. A. 半年多了
   B. 三个月了
   C. 一年多了
   D. 九个月了

2. A. 学习时间长
   B. 老师教得好
   C. 父母是中国人
   D. 常和中国人聊天儿

3. A. 药
   B. 羊肉
   C. 苹果
   D. 西瓜

4. A. 又病了
   B. 还在发烧
   C. 不发烧了
   D. 更不舒服了

（二）听第二遍，判断正误（对的画"√"，错的画"×"）Decide whether the following statements are true or false after listening to the recording for the second time (write a tick for true and a cross for false)

1. 美丽来中国的时间不长，所以还不太习惯这儿的天气。（　　）
2. 美丽常常照顾同屋和周围的朋友。（　　）
3. 昨天美丽在饭馆吃的凉西瓜不是买的。（　　）
4. 美丽不想去医院，同屋自己去买药回来给她吃。（　　）

（三）听第三遍，回答问题 Answer the questions after listening to the recording for the third time

1. 美丽为什么来天津？
2. 美丽为什么发烧？她吃东西的习惯怎么样？
3. 美丽的同屋怎么样？你有同屋吗？
4. 你习惯中国的生活了吗？在中国生过病吗？

第二十四课

我想学唱中国歌

一　语音与词语练习 Pronunciation and Words

(一)听后跟读生词 Read the words after the recording

1.	2.
3.	4.
5.	6.
7.	8.
9.	10.
11.	12.
13.	14.
15.	16.
17.	18.
19.	20.

(二)听录音,画出听到的音节 Underline the syllables you hear

1. A.dānxīn	B.dāngxīn	C.tānxīn
2. A.yàngzhǐ	B.yàngzi	C.yànzi
3. A.zhàngfu	B.zhànghù	C.zhànfú
4. A.shūhu	B.shūfù	C.shūfu
5. A.yìngyuè	B.yīnyuè	C.yǐnyuē
6. A.bāngzhǔ	B.bāngzhù	C.bǎnzhǔ
7. A.héshang	B.héshàn	C.héchàng
8. A.qiūtiān	B.qiūqiān	C.qiūtián

（三）标出画线词语的声调 Mark the tones of the underlined words or phrases

1. Màikè měitiān zǎoshang dōu zài caochang shang pǎobù.
2. Wǒ bú xiàng bié de nǚháir nàyàng zaihu zìjǐ de tǐzhòng.
3. Běijīng de qiūtiān mandi dōu shì huánghuáng de luòyè.
4. Zài xīn kāi de nà jiā kāfēiguǎn li yuēhuì yòu langman yòu ānjìng.
5. Hòutiān tā děi qù yí ge běifāng de chéngshì chuchai.
6. Tā fēicháng xǐhuan kàn zhège nanyanyuan de biǎoyǎn.
7. Měitiān wǔfàn hòu māma dōu huì zuò zài chuangqian kàn yihuir shū.
8. Wǒmen taolun le yí ge xiǎoshí hái méiyǒu jieshu.

（四）听录音，选择听到的句子 Choose the sentences you hear

1. A.Nà zhǒng yánsè tài xiānyàn le, bú shìhé wǒ.
   B.Nà zhǒng yánsè tài xiǎnyǎn le, bú shìhé wǒ.
2. A.Zhè jiā shāngchǎng de shāngpǐn tuìhuànlǜ hěn gāo.
   B.Zhè jiā shāngchǎng de shāngpǐn tuìhuòlǜ hěn gāo.
3. A.Tāmen jiā měi ge yuè de huàféi fēicháng shǎo.
   B.Tāmen jiā měi ge yuè de huāfèi fēicháng shǎo.
4. A.Tā cóng xiǎoxué wǔ niánjí jiù kāishǐ xué huàxué.
   B.Tā cóng xiǎoxué wǔ niánjí jiù kāishǐ xué huáxuě.
5. A.Nǐ kuài qù zhǎo yi zhǎo tā de tōngxìn dìzhǐ ba.
   B.Nǐ kuài qù zhǎo yi zhǎo tā de tōngxùn dìzhǐ ba.
6. A.Zuótiān wǒ qù fùjìn de shāngdiàn mǎile yì shuāng xuēzi.
   B.Zuótiān wǒ qù fùjìn de shāngdiàn mǎile yì shuāng xiézi.
7. A.Wáng Fāng zài gōngsī zhǔyào fùzé yuángōng de tuīxiāo gōngzuò.
   B.Wáng Fāng zài gōngsī zhǔyào fùzé yuángōng de tuìxiū gōngzuò.
8. A.Nǐ jīntiān shuō de zhège gùshi shìrén jiězhī.
   B.Nǐ jīntiān shuō de zhège gùshi shīrén jiězhī.

二　句子练习 Sentences

生词　New Words

1	季节	jìjié	名	season
2	长	zhǎng	动	to grow
3	高	gāo	形	tall; high

（一）听句子，选择正确答案 Listen to the sentences and choose the right answers

1. A. 饭馆儿
   B. 学校
   C. 咖啡馆儿
2. A. 旅游团
   B. 合唱团
   C. 代表团
3. A. 春天
   B. 秋天
   C. 冬天
4. A. 唱歌
   B. 跳舞
   C. 游泳
5. A. 发音
   B. 语法
   C. 汉字
6. A. 她们是同学
   B. 她们是同胞
   C. 她们是同屋
7. A. 还没毕业
   B. 已经毕业了
   C. 已经工作了
8. A. 长得帅的
   B. 个子高的
   C. 声音好听的
9. A. 他不回来了
   B. 他不会照顾自己
   C. 他第一次去外国
10. A. 去爬山
    B. 在房间休息
    C. 在房间学习

（二）听句子，判断正误（对的画“√”，错的画“×”）Listen to the sentences and decide whether the following statements are true or false (write a tick for true and a cross for false)

1. 小明今天心情不好，不想上课。（　　）
2. 山田非常喜欢中国的传统文化。（　　）
3. 她已经试了那条蓝色的裙子。（　　）
4. 他想和李华一起去旅游。（　　）
5. 外国人想学好汉语必须会唱中国歌。（　　）

6. 马克毕业以后回国开了一家饭馆儿。 (　　)

三　对话理解 Conversation Comprehension

生词　New Words

1	交（朋友）	jiāo (péngyou)	动	to make friends
2	方法	fāngfǎ	名	method; way
3	背	bèi	动	to recite

（一）听对话，选择正确答案 Listen to the conversations and choose the right answers

1. A. 医院里
   B. 商场里
   C. 饭馆里
   D. 饭馆外面

2. A. 中国人的发音
   B. 怎么练习口语
   C. 怎么和人聊天儿
   D. 怎么交中国朋友

3. A. 他也不会开车
   B. 不知道怎么教
   C. 他现在不能开车
   D. 想让女的去学校学

4. A. 也想听音乐会
   B. 不想听音乐会
   C. 不喜欢看电影
   D. 想和李冬看电影

5. A. 女的发烧了
   B. 男的病好了
   C. 男的要去比赛
   D. 他们要去看比赛

6. A. 克里要去上海
   B. 男的要学跳舞
   C. 女的正在学跳舞
   D. 女的不想去上海

（二）听长对话，选择正确答案 Listen to the conversations and choose the right answers

对话一

1. A. 唱歌
   B. 记歌词
   C. 写作业
   D. 背课文

2. A. 只听新歌
   B. 会改歌词
   C. 喜欢练习口语
   D. 是男的的老师

3. A. 喜欢听中文歌
B. 想试试改歌词
C. 觉得中文歌词难
D. 会唱很多中文歌

对话二

1. A. 丽丽的同屋
B. 科文的同学
C. 科文的老师
D. 里克的同屋

2. A. 头疼
B. 手表慢了
C. 有事去办公室
D. 送同屋去机场

3. A. 不会说汉语
B. 昨天生病了
C. 前天回国了
D. 是科文的同胞

四　短文理解 Passage Comprehension

生词　New Words

1	位子	wèizi	名	seat; place

短文一　我爱中国文化

（一）听第一遍，选择正确答案 Choose the right answers after listening to the recording for the first time

1. A. 十岁
B. 昨天
C. 一年前
D. 高中毕业

2. A. 来中国旅游
B. 听了中文歌
C. 看了中国电影
D. 在中国上大学

3. A. 听音乐
B. 看中文书
C. 中国的生活
D. 和中国人聊天儿

4. A. 他喜欢山下
B. 山下的声音好听
C. 山下的发音很好
D. 参加的人太少了

5. A. 练习口语
B. 参加比赛
C. 了解中国文化
D. 带父母去旅游

（二）听第二遍，判断正误（对的画"√"，错的画"×"）Decide whether the following statements are true or false after listening to the recording for the second time (write a tick for true and a cross for false)

1. 山下第一次看中国电影是在日本的电影院。 （ ）
2. 高中毕业以后，山下和同学一起来中国旅游。 （ ）
3. 山下因为看了中国电影，所以想来中国上大学。 （ ）
4. 山下每天都努力学习汉语，没有时间参加合唱团。 （ ）
5. 山下觉得中文歌的歌词很难学，但她想试试。 （ ）

短文二 里夫的餐厅

（一）听第一遍，选择正确答案 Choose the right answers after listening to the recording for the first time

1. A. 法国
B. 法国附近
C. 学校附近
D. 学校里边

2. A. 漂亮的杯子
B. 漂亮的盘子
C. 里夫画的画儿
D. 朋友拍的照片

3. A. 餐厅外边
B. 餐厅里的椅子上
C. 餐厅门口的沙发上
D. 餐厅门口的椅子上

4. A. 环境很好
B. 客人还不太多
C. 有很多国家的菜
D. 桌子和椅子都很漂亮

（二）听第二遍，判断正误（对的画“√”，错的画“×”）Decide whether the following statements are true or false after listening to the recording for the second time (write a tick for true and a cross for false)

1. 里夫大学还没毕业，所以不能回国。（ ）
2. 里夫的朋友喜欢旅游，但是不会做饭。（ ）
3. 里夫会做法国菜和中国菜，还会画画儿。（ ）
4. 现在去里夫餐厅的客人都是学生。（ ）

（三）听第三遍，回答问题 Answer the questions after listening to the recording for the third time

1. 里夫为什么没有回国？
2. 里夫的餐厅怎么样？
3. 在里夫的餐厅，什么样的客人比较多？为什么？
4. 你毕业以后有什么打算？

第二十五课

昨天吃了晚饭做什么了

一 语音与词语练习 Pronunciation and Words

(一)听后跟读生词 Read the words after the recording

1.
2.
3.
4.
5.
6.
7.
8.
9.
10.
11.
12.
13.
14.
15.
16.
17.
18.
19.
20.

(二)听录音,画出听到的音节 Underline the syllables you hear

1. A.huíyì	B.huìyī	C.huìyì
2. A.tóngshí	B.tóngshì	C.tōngshǐ
3. A.guānxīn	B.guānxi	C.guānxī
4. A.jìjié	B.jíjié	C.jǐjié
5. A.bǐzhào	B.bǐjiǎo	C.bǐjiào

(三)标出画线词语的声调 Mark the tones of the underlined words or phrases

1. Zuìjìn Wáng <u>jingli</u> jīngcháng dào wàidì <u>chuchai</u>.
2. <u>Xiao Zhang</u> qùnián dāngshangle zhè suǒ xuéxiào de <u>xiaozhang</u>.
3. Zhè zhǒng huà nǐ méiyǒu <u>genju</u> bùnéng <u>suibian</u> luàn shuō.

4. Māma tuìxiū yǐhòu xiǎng bān dào yí ge youhuayoucao de dìfang.

5. Xiǎomíng sòng gěi nǎinai de dàngāo shang xiězhe "changmingbaisui".

(四)判断下列句子与听到的是否一致(一致的画"√",不一致的画"×")Judge whether the following sentences are identical with those you hear in the recording (draw a tick if they are the same and a cross if they are different)

1. Zuótiān wǒ chīle zǎofàn jiù qù kàn jiàoshì le. (　　)

2. XiǎoYáng de fángjiān zǒngshì luànhōnghong de. (　　)

3. Dàjiā dōu zhīdào tā bú tài xiǎng tí yǐqián de jīnglì. (　　)

4. Lǐ Míng pāizhào shí de zīshì tài qiángyìng le. (　　)

5. Zài qù zhǎo yí ge dà yìdiǎnr de pénzi ba. (　　)

(五)在横线上写出听到词语的序号 Write the order number of the words you hear on the line

______

______

______

______

______

______

二　句子练习 Sentences

生词　New Words

1	肚子	dùzi	名	stomach; belly

2	**薄**	báo	形	thin
3	**派**	pài	动	to send
4	**南方**	nánfāng	名	the southern part

（一）听句子，选择正确答案 Listen to the sentences and choose the right answers

1. A. 三点
   B. 三点十五
   C. 三点三十
   D. 差一刻四点

2. A. 去旅游
   B. 去工作
   C. 去学习
   D. 去开会

3. A. 中国菜
   B. 日本菜
   C. 韩国菜
   D. 法国菜

4. A. 汉语和日语
   B. 英语和韩语
   C. 法语和日语
   D. 英语和汉语

5. A. 飞机起飞前
   B. 飞机起飞后
   C. 下飞机以后
   D. 到宾馆以后

6. A. 吃午饭
   B. 去银行取钱
   C. 回宿舍学习
   D. 回宿舍睡觉

7. A. 没吃晚饭
   B. 晚饭吃得太多
   C. 吃了饭就跑步
   D. 公园空气不好

8. A. 看电影
   B. 回家睡觉
   C. 回家吃晚饭
   D. 去饭馆儿吃饭

9. A. 他是北方人
   B. 他在南方上学
   C. 他没去过南方
   D. 他的习惯都改了

10. A. 有两个季节
    B. 现在非常热
    C. 最近常常下雨
    D. 现在要穿薄衣服

（二）听句子，判断正误（对的画"√"，错的画"×"）Listen to the sentences and decide whether the following statements are true or false (write a tick for true and a cross for false)

1. 田红是她的同事，也是她的姐姐。 （　　）
2. 今天早上的听力课，阿里迟到了。 （　　）
3. 公司派他下星期去哈尔滨出差。 （　　）

4. 吃了饭就运动可以锻炼身体，但容易生病。（　　）

5. 我不常去楼下的小公园，因为我和邻居关系不好。（　　）

三　对话理解 Conversation Comprehension

生词　New Words

1	接（电话）	jiē（diànhuà）	动	to answer(the phone)
2	材料	cáiliào	名	material
3	身份证	shēnfènzhèng	名	ID card

（一）听对话，选择正确答案 Listen to the conversations and choose the right answers

1. A. 写错了
   B. 很难看
   C. 看不清楚
   D. 习惯不好

2. A. 一道题
   B. 四道题
   C. 都写完了
   D. 都没写完

3. A. 回家休息
   B. 在餐厅吃饭
   C. 在楼上开会
   D. 在办公室工作

4. A. 只喜欢吃西瓜
   B. 不想出去玩儿
   C. 想去北方玩儿
   D. 想去南方看雨

5. A. 男的不胖
   B. 男的胖了
   C. 男的吃得太多
   D. 男的不能看手机

6. A. 下午要上课
   B. 对足球没兴趣
   C. 去医院看病了
   D. 送朋友去医院

7. A. 父母生病了
   B. 父母不放心她
   C. 她担心自己的孩子
   D. 她担心父母没人照顾

8. A. 关系不好不坏
   B. 认识时间不长
   C. 一直是同班同学
   D. 男的很了解小赵

（二）听对话，判断正误（对的画"√"，错的画"×"）Listen to the conversation and decide whether the following statements are true or false (write a tick for true and a cross for false)

1. 昨天晚上经理没接李红的电话。（　　）
2. 经理派李红和小刘去南京参加会议。（　　）
3. 经理让李红给小张打电话准备开会的材料。（　　）
4. 他们打算到了南京先去宾馆，晚上在宾馆见小张。（　　）
5. 李红开车回公司拿来了材料和身份证。（　　）

四　短文理解 Passage Comprehension

生词　New Words

1	历史	lìshǐ	名	history
2	商场	shāngchǎng	名	superstore;shopping mall

短文一　可能高铁更"快"

（一）听第一遍，选择正确答案 Choose the right answers after listening to the recording for the first time

1. A. 去出差
   B. 去旅游
   C. 参加比赛
   D. 参加会议

2. A. 两个小时
   B. 不到五个小时
   C. 五个多小时
   D. 十一个小时

3. A. 非常快
   B. 很舒服
   C. 更便宜
   D. 不用太早到

4. A. 坐飞机
   B. 坐高铁
   C. 坐地铁
   D. 坐出租车

（二）听第二遍，判断正误（对的画“√”，错的画“×”）Decide whether the following statements are true or false after listening to the recording for the second time (write a tick for true and a cross for false)

1. 他是上网买的飞机票和高铁票。 （ ）
2. 上周二天津机场的飞机因为下雨都不能起飞。 （ ）
3. 同学到上海的时候上海还在下雨。 （ ）
4. 他给自己买的高铁票没有座儿。 （ ）

短文二　马林和妻子的旅游习惯

（一）听第一遍，选择正确答案 Choose the right answers after listening to the recording for the first time

1. A. 平时比较忙
   B. 周末也上班
   C. 有时间旅游
   D. 在公司工作
2. A. 风景漂亮的
   B. 有花有草的
   C. 有很长历史的
   D. 可以买东西的
3. A. 他不想帮
   B. 东西不太多
   C. 去的地方不一样
   D. 不知道怎么准备
4. A. 没有薄衣服
   B. 觉得俄国很冷
   C. 可以换衣服拍照
   D. 俄国不卖厚衣服

（二）听第二遍，判断正误（对的画“√”，错的画“×”）Decide whether the following statements are true or false after listening to the recording for the second time (write a tick for true and a cross for false)

1. 马林的妻子结婚以前在学校工作。 （ ）
2. 马林和妻子喜欢在风景漂亮的地方拍照。 （ ）
3. 他们每次旅游带的行李箱里都是衣服。 （ ）
4. 他们以前没去过俄国，不知道那儿的夏天怎么样。 （ ）

（三）听第三遍，回答问题 Answer the questions after listening to the recording for the third time

1. 马林和妻子分别喜欢去什么样的地方旅游？你呢？
2. 你觉得马林妻子准备的行李怎么样？你旅游的时候一定要带什么东西？

第二十六课

她穿着一条长裙子

一　语音与词语练习 Pronunciation and Words

(一)听后跟读生词 Read the words after the recording

1.	2.
3.	4.
5.	6.
7.	8.
9.	10.
11.	12.
13.	14.
15.	16.
17.	18.
19.	20.

(二)听录音,画出听到的音节 Underline the syllables you hear

1.A.yànjīng	B.yǎnjīng	C.yǎnjìng
2.A.huàxiàn	B.fāxiàn	C.fàxiàn
3.A.cōngming	B.cóngmìng	C.cūnmín
4.A.jiànmiàn	B.jiǎnmiàn	C.jiāngmiàn
5.A.réngwèi	B.rénwéi	C.rènwéi

(三)标出画线词语的声调 Mark the tones of the underlined words or phrases

1. Tā bǎ xīn mǎi de bái chenshan fàng zài le zhuozi shang.
2. Wǒ xīwàng tā de lixiang néng jǐnkuài shixian.
3. Fāngfang jian duan le tā nà tóu hēihēi de changfa.
4. Wǒmen yīnggāi fǎnduì puzhang langfei de shēnghuó xíguàn.

5. Tā zhǐshì yishi hutu zuò le cuòwù de juédìng.

（四）判断下列句子与听到的是否一致（一致的画“√”，不一致的画“×”）Judge whether the following sentences are identical with those you hear in the recording (draw a tick if they are the same and a cross if they are different)

1. Tā tèbié xiǎngshòu yǎnqián nándé de qíngjǐng. （　）
2. Tā fā chū yāoqǐng yǐhòu hái méiyǒu dédào huíyīn. （　）
3. Jiějie fǎngzào shàngcì de yàngzi yòu zuòle yí jiàn. （　）
4. Chúchuāng li fàngzhe yì kē jīngyíng de bōliqiú. （　）
5. Nǐ zěnme zài shénme dìfang dōu gǎn luàn chuǎng? （　）

（五）在横线上写出听到词语的序号 Write the order number of the words you hear on the line

____

____

____

____

____

____

二　句子练习 Sentences

生词　New Words

1	倒	dào	动	to pour

（一）听句子，选择正确答案 Listen to the sentences and choose the right answers

1. A. 很干净
   B. 很安静
   C. 没有人
   D. 有很多人

2. A. 电脑
   B. 汉语书
   C. 英语书
   D. 红色的笔

3. A. 以前的同学
   B. 现在的同学
   C. 以前的同事
   D. 现在的同事

4. A. 没参加考试
   B. 不能参加考试
   C. 考试成绩不好
   D. 考试没有成绩

5. A. 衬衫还没洗
   B. 裤子在床上
   C. 裤子是黑色的
   D. 床上有两件衬衫

6. A. 去买电
   B. 去洗手间开灯
   C. 去洗手间关灯
   D. 去洗手间关门

7. A. 正在要酒的人
   B. 正在倒酒的人
   C. 穿白裙子的人
   D. 裙子上有花的人

8. A. 又高又帅
   B. 不是中国人
   C. 很照顾王丽
   D. 是英国留学生

9. A. 寄给父母
   B. 还没毕业
   C. 没有工作
   D. 常常浪费

10. A. 上面画着花儿
    B. 他觉得不好看
    C. 是给年轻人买的
    D. 妈妈可能不喜欢

（二）听句子，判断正误（对的画"√"，错的画"×"）Listen to the sentences and decide whether the following statements are true or false (write a tick for true and a cross for false)

1. 李校长现在不在办公室。（ ）
2. 昨天晚上二楼教室的灯没关。（ ）
3. 奶奶喜欢长裤子，所以一直穿着。（ ）
4. 妈妈打算下午去附近的超市买水果。（ ）
5. 李好觉得自己的姐姐又漂亮又聪明。（ ）

三　对话理解 Conversation Comprehension

（一）听对话，选择正确答案 Listen to the conversations and choose the right answers

1. A. 同事的
   B. 女的的
   C. 他们公司的
   D. 别的公司的

2. A. 手机没钱了
   B. 手机没电了
   C. 手机关着呢
   D. 手机在麦克那儿

3. A. 去药店买药
   B. 给同屋买饭
   C. 带同屋去医院
   D. 去食堂吃午饭

4. A. 常常浪费钱
   B. 不穿蓝衬衫
   C. 想买件新衬衫
   D. 衬衫都只穿一次

5. A. 男的没戴手表
   B. 男的手表坏了
   C. 女的不知道几点
   D. 现在十点四十五

6. A. 不太便宜
   B. 离学校不远
   C. 是男的开的
   D. 又大又安静

7. A. 非常想孩子
   B. 孩子都在美国
   C. 每年见孩子一次
   D. 暑假去美国见孩子

8. A. 身体不好
   B. 昨天感冒了
   C. 还在上大学
   D. 常开着空调睡觉

（二）听长对话，判断正误（对的画"√"，错的画"×"）Listen to the conversation and decide whether the following statements are true or false (write a tick for true and a cross for false)

1. 男的想给黄经理看一份材料。（　　）
2. 黄经理昨天下午从上海开会回来了。（　　）
3. 黄经理没在办公室，也没在会议室。（　　）
4. 王经理不会开车，所以他的车一直在楼下停着。（　　）
5. 王经理刚才在会议室见客人。（　　）

四　短文理解 Passage Comprehension

生词　New Words

1	初中	chūzhōng	名	junior high school
2	变	biàn	动	to change; to become
3	打工	dǎgōng	动	to work for others; to do a part time job
4	校区	xiàoqū	名	campus
5	市中心	shìzhōngxīn	名	the city center

短文一　李明和张丽

（一）听第一遍，选择正确答案 Choose the right answers after listening to the recording for the first time

1. A. 小学到初中
   B. 初中到高中
   C. 初中到大学
   D. 高中到大学

2. A. 眼睛很大
   B. 头发很长
   C. 喜欢戴花
   D. 学习很好

3. A. 又高又帅
   B. 又瘦又小
   C. 学习很努力
   D. 学习不好不坏

4. A. 健身房
   B. 电影院
   C. 咖啡馆
   D. 图书馆

（二）听第二遍，判断正误（对的画"√"，错的画"×"）Decide whether the following statements are true or false after listening to the recording for the second time (write a tick for true and a cross for false)

1. 李明和张丽是同班同学，也是男女朋友。（　　）
2. 张丽学习很好，每次考试成绩都是学校里的前三名。（　　）
3. 虽然张丽大学时是校花，但高中时只有李明喜欢她。（　　）
4. 李明在上大学以后才告诉张丽自己喜欢她。（　　）

短文二　生活习惯

（一）听第一遍，选择正确答案 Choose the right answers after listening to the recording for the first time

1. A. 非常大
   B. 很安静
   C. 很舒服
   D. 很漂亮

2. A. 适合学习
   B. 坐车不方便
   C. 没有大商场
   D. 离市中心不远

3. A. 宿舍里
   B. 图书馆
   C. 大商场
   D. 咖啡馆

4. A. 晚睡晚起
   B. 早睡早起
   C. 上课迟到
   D. 常浪费电

（二）听第二遍，判断正误（对的画"√"，错的画"×"）Decide whether the following statements are true or false after listening to the recording for the second time (write a tick for true and a cross for false)

1. 他的新宿舍可以上网，但是不能洗澡。（　　）
2. 他和同学们都很喜欢新校区的环境。（　　）
3. 他和同屋常常去新校区周围玩儿。（　　）
4. 他们聊天以后同屋改了很多坏习惯。（　　）

（三）听第三遍，回答问题 Answer the questions after listening to the recording for the third time

1. 他们的新校区怎么样？同屋为什么不喜欢住在那儿？
2. 你觉得学校离市中心近好还是远好？为什么？
3. 刚搬进新宿舍时，同屋有什么不好的习惯？
4. 你有同屋吗？他是否有和你不一样的生活习惯？

第二十七课

他手里拿着一把伞

一　语音与词语练习 Pronunciation and Words

(一)听后跟读生词 Read the words after the recording

1. 2.

3. 4.

5. 6.

7. 8.

9. 10.

11. 12.

13. 14.

15. 16.

17. 18.

(二)判断下列句子与听到的是否一致(一致的画"√",不一致的画"×")Judge whether the following sentences are identical with those you hear in the recording (draw a tick if they are the same and a cross if they are different)

1. Tā jīhū měi tiān dōu lǎn. (　　)
2. Dàxué bìyè hòu gēge jìxù yánjiū lǐxué. (　　)
3. Lǎorén tiāole yí ge gānjìng de dìfang zhàn zhe. (　　)
4. Shāngdiàn shàngxīngqī jiù kāizhāng le. (　　)
5. Zhè shì yì sōu yuǎnyángjiàn. (　　)
6. Nǐ bù néng shíshí dōu yīkào biérén. (　　)
7. Mèimei jiā de bìhuà fēicháng yǒu xiàndàigǎn. (　　)
8. Bú yào dàizhe yǎnjìng pǎobù. (　　)

（三）在横线上写出听到词语的序号 Write the order number of the words you hear on the line

__________　__________　__________

__________　__________　__________

__________　__________　__________

二　句子练习 Sentences

生词　New Words

1	醒	xǐng	动	to wake up
2	懒	lǎn	形	lazy

（一）听句子，选择正确答案 Listen to the sentences and choose the right answers

1. A. 想提高汉语水平
   B. 想提高英语水平
   C. 那儿有很多外国人

2. A. 去超市买伞
   B. 去图书馆借书
   C. 去银行取钱

D. 那儿有我的朋友

D. 找朋友聊天儿

3. A. 在饭馆儿吃饭呢
   B. 在公园玩儿呢
   C. 在床上躺着呢
   D. 在房间看电视呢

4. A. 很热情
   B. 很漂亮
   C. 很安静
   D. 很干净

5. A. 在草地上坐着的人
   B. 在床旁边站着的人
   C. 在大树前边站着的人
   D. 在大树下边坐着的人

6. A. 今天太冷了
   B. 今天天晴了
   C. 今天太热了
   D. 今天下雨了

7. A. 爸爸常给他打电话
   B. 昨晚他给爸爸打了电话
   C. 昨晚爸爸的电话很突然
   D. 他早知道爸爸给他打电话

8. A. 很漂亮
   B. 很努力
   C. 很有名
   D. 很快乐

9. A. 客厅非常大
   B. 环境很不错
   C. 家里人都喜欢
   D. 花了很多钱

10. A. 喜欢旅游了，常出去
    B. 有钱了，常买东西
    C. 喜欢锻炼了，常跑步
    D. 老了，常忘事儿

（二）听句子，判断正误（对的画"√"，错的画"×"）Listen to the sentences and decide whether the following statements are true or false (write a tick for true and a cross for false)

1. 他家附近有一条小河。（　　）
2. 我女朋友没戴眼镜。（　　）
3. 昨晚他很早就睡了。（　　）
4. 那个服务员对人很不热情。（　　）
5. 天气不好时没人去公园。（　　）

三　对话理解 Conversation Comprehension

生词　New Words

1	办	bàn	动	to hold
2	展览	zhǎnlǎn	名	exhibition
3	棒	bàng	形	great

(一)听对话，选择正确答案 Listen to the conversations and choose the right answers

1. A. 戴着手表，拿着手机
   B. 穿着黑上衣，拿着手机
   C. 穿着黑上衣，拿着手表
   D. 戴着眼镜，拿着书

2. A. 哥哥的画很多人喜欢
   B. 哥哥花钱买了很多画
   C. 哥哥现在没有钱
   D. 哥哥的画没有人喜欢

3. A. 应该回家睡觉
   B. 去安静的地方能休息好
   C. 唱歌跳舞的地方也可以休息
   D. 去干净的地方散步

4. A. 太累了
   B. 太安静了
   C. 太爱学习了
   D. 太懒了

5. A. 他们爬山呢，风景很美
   B. 他们游泳呢，游的人很多
   C. 他们上课呢
   D. 他们买东西呢

6. A. 大家都在学习着
   B. 大家在一起吃饭
   C. 大家在舒服地休息着
   D. 大家在问老师问题

7. A. 男的十分钟后下楼
   B. 今天是个晴天
   C. 女的想去草地坐会儿
   D. 男的不想去楼下

8. A. 看着电视呢
   B. 听着音乐呢
   C. 写着作业呢
   D. 打着电话呢

9. A. 女的奶奶能搬桌子、椅子
   B. 两位奶奶身体都很好
   C. 两位奶奶身体都不行
   D. 男的奶奶自己打扫房间

10. A. 没人去“英语角”
    B. 她不想去“英语角”了
    C. 她的英语没有提高
    D. 去“英语角”的人很多

（二）听对话，判断正误（对的画"√"，错的画"×"）Listen to the conversation and decide whether the following statements are true or false (write a tick for true and a cross for false)

1. 小花园离女的家比较远。（ ）
2. 女的总是早上去花园散步。（ ）
3. 花园很大，有树有花有草，很干净也很漂亮。（ ）
4. 男的觉得老人可能是在等人。（ ）
5. 女的不同意男的说的话，她觉得老人是个老师。（ ）
6. 男的和女的都不认识这位老人。（ ）

四 短文理解 Passage Comprehension

生词 New Words

1	农村	nóngcūn	名	countryside

短文一 去农村生活

（一）听第一遍，判断正误（对的画"√"，错的画"×"）Decide whether the following statements are true or false after listening to the recording for the first time (write a tick for true and a cross for false)

1. 他现在不想在城市生活了。（ ）
2. 他现在很同意爸爸妈妈去农村生活。（ ）
3. 城市里有商场、学校和银行，生活非常方便。（ ）
4. 在农村生活，可以在房前房后种上很多漂亮的花草。（ ）
5. 他现在就想离开城市，和爸爸妈妈一起去农村生活。（ ）

（二）听第二遍，选择正确答案 Choose the right answers after listening to the recording for the second time

1. A. 很同意
   B. 很高兴
   C. 没想到
   D. 很生气

2. A. 买东西很贵
   B. 空气不好
   C. 工作的地方太远
   D. 很多人不认识

3. A. 女人
B. 小孩儿
C. 年轻人
D. 老年人

4. A. 有山有水
B. 买东西很便宜
C. 风景漂亮
D. 房子很大

5. A. 农村
B. 海边
C. 山里
D. 大城市

（三）听第三遍，回答问题 Answer the questions after listening to the recording for the third time

1. 说说在城市生活的好处和坏处。
2. 说说在农村生活的好处和坏处。
3. 你喜欢在城市生活还是在农村生活？为什么？

短文二　晚上运动

（一）听第一遍，判断正误（对的画"√"，错的画"×"）Decide whether the following statements are true or false after listening to the recording for the first time (write a tick for true and a cross for false)

1. 他很喜欢运动，每天都去游泳。（　　）
2. 他告诉陈南晚上运动对身体也很好。（　　）
3. 昨天晚饭后他去学校操场跑步了。（　　）
4. 晚上他在操场跑步后给陈南打了一个电话。（　　）
5. 他看到晚上在操场运动的人很多。（　　）

（二）听第二遍，选择正确答案 Choose the right answers after listening to the recording for the second time

1. A. 他身体不好
B. 他去旅行了
C. 他太忙了
D. 他老了

2. A. 听不懂他的话
B. 他的话不太对
C. 非常相信他的话
D. 再问他一下儿

3. A. 慢跑、快步走、跳舞
   B. 慢跑、打太极拳、踢足球
   C. 打篮球、跳舞、打太极拳
   D. 快步走、踢足球、打篮球

4. A. 太累了
   B. 太没意思了
   C. 太难做到了
   D. 太棒了

第二十八课

我去超市买了很多东西

一 语音与词语练习 Pronunciation and Words

(一)听后跟读生词 Read the words after the recording

1.
2.
3.
4.
5.
6.
7.
8.
9.
10.
11.
12.
13.
14.
15.
16.
17.
18.

(二)判断下列句子与听到的是否一致(一致的画“√”,不一致的画“×”) Judge whether the following sentences are identical with those you hear in the recording (draw a tick if they are the same and a cross if they are different)

1. Duìdài zhèyàng de háizi, nǐ yào duō fùchū àixīn. (　　)
2. Zhège diànyǐng shì zài Xīnjiāng pāishè de. (　　)
3. Huājià nàr yǒu wǔ běn Yīngwén zázhì. (　　)
4. Zhàngfu wàngle qīzi de shēngrì. (　　)
5. Wǒ hòulái xíguànle zhèlǐ de yíqiè. (　　)
6. Zuānjìn wēnruǎn de bèiwō, wǒ hěn kuài jìnrùle mèngxiāng. (　　)
7. Búyào bǎ zhèxiē zhǐzhāng fàng zài zhèlǐ. (　　)
8. Chūn jiāng shuǐ nuǎn yā xiān zhī. (　　)

(三)在横线上写出听到词语的序号 Write the order number of the words you hear on the line

______

______

______

______

______

______

______

______

______

二　句子练习 Sentences

生词　New Words

1	帅	shuài	形	handsome
2	学期	xuéqī	名	semester
3	庆祝	qìngzhù	动	to celebrate

(一)听句子，选择正确答案 Listen to the sentences and choose the right answers

1. A. 电脑坏了
   B. 电梯坏了
   C. 手机坏了
   D. 电视坏了

2. A. 会做饭
   B. 去画画儿
   C. 工作好
   D. 很有名

3. A. 广州
B. 天津
C. 青岛
D. 上海

4. A. 他不知道谁过生日
B. 他今天过生日
C. 今天他不想吃蛋糕
D. 想吃的时候就可以吃

5. A. 小星看了很多电视
B. 小星吃了四个西瓜
C. 小星喝了四瓶饮料
D. 小星玩了很多游戏

6. A. 离开家的日子
B. 结婚三年纪念日
C. 她工作三年了
D. 她 33 岁了

7. A. 很多人不用筷子
B. 学会用筷子很简单
C. 学会用筷子不容易
D. 很多人都会用筷子

8. A. 她能教我英语
B. 她很漂亮
C. 她是我最好的朋友
D. 和她在一起，我很快乐

9. A. 大家都要离开了
B. 大家出现了新变化
C. 每个人都很忙
D. 每个人和以前一样

10. A. 咖啡、牛奶和面包
B. 饮料、西瓜和鸡蛋
C. 啤酒、饮料和牛奶
D. 鸡蛋、牛奶和面包

（二）听句子，判断正误（对的画"√"，错的画"×"）Listen to the sentences and decide whether the following statements are true or false (write a tick for true and a cross for false)

1. 他现在还是不太会用筷子。（ ）
2. 张林不会做饭。（ ）
3. 他要离开教他的老师了。（ ）
4. 现在他觉得全身都疼，很不舒服。（ ）
5. 老年人多喝凉饮料对身体好。（ ）

三 对话理解 Conversation Comprehension

生词 New Words

1	家乡	jiāxiāng	名	hometown

2	饮食	yǐnshí	名	diet
3	头脑	tóunǎo	名	brain
4	灵巧	língqiǎo	形	smart

(一)听对话,选择正确答案 Listen to the conversations and choose the right answers

1. A. 冰箱里东西太多了
   B. 冰箱坏了
   C. 厨房地上有很多菜
   D. 厨房里面都是水

2. A. 腿疼极了
   B. 她累极了
   C. 脚疼极了
   D. 她病了

3. A. 她会用筷子吃很多东西
   B. 她不会用筷子吃面条儿
   C. 她不会用筷子
   D. 她不常用筷子吃饭

4. A. 杭州
   B. 香港
   C. 上海
   D. 广州

5. A. 她常常在厨房做饭
   B. 她很少在厨房做饭
   C. 男的说得很对
   D. 她家厨房东西多,不干净

6. A. 安娜男朋友汉语不好
   B. 安娜可以用汉语聊天儿
   C. 安娜不和男朋友聊天儿
   D. 安娜男朋友是英国人

7. A. 五个
   B. 三个
   C. 六个
   D. 四个

8. A. 女的要回国了
   B. 男的快要离开家乡了
   C. 男的留学十年了
   D. 女的留学十年了

9. A. 他没有喝酒的习惯
   B. 不喝酒的生活没意思
   C. 喝酒对身体没好处
   D. 他不喜欢喝酒

10. A. 女的学习英语
    B. 男的是留学生
    C. 男的给女的礼物
    D. 女的是留学生

(二)听对话,判断正误(对的画"√",错的画"×")Listen to the conversation and decide whether the following statements are true or false (write a tick for true and a cross for false)

1. 女的是个留学生,汉语说得很不错。 (　　)
2. 女的觉得学会用筷子很容易。 (　　)
3. 马克已经会用筷子吃饭了。 (　　)

4. 马克想多了解中国人的生活和习惯。 (　　)
5. 女的觉得马克很不聪明。 (　　)
6. 用筷子能让人头脑更聪明。 (　　)

四　短文理解 Passage Comprehension

生词　New Words

1	幸福	xìngfú	形	happy

短文一　幸福的生活

（一）听第一遍，判断正误（对的画"√"，错的画"×"）Decide whether the following statements are true or false after listening to the recording for the first time (write a tick for true and a cross for false)

1. 他们的儿子今年八岁了。 (　　)
2. 她的丈夫很有钱，也很帅。 (　　)
3. 今天是他们结婚八年的纪念日，他们去公园庆祝了。 (　　)
4. 她和丈夫都很喜欢做饭，但她做饭不好吃。 (　　)
5. 她现在知道了什么才是真正的幸福生活。 (　　)
6. 幸福的生活和钱多钱少没有关系。 (　　)

（二）听第二遍，选择正确答案 Choose the right answers after listening to the recording for the second time

1. A. 下大雨了
   B. 是个晴天
   C. 非常热
   D. 刮风了

2. A. 她生活得很幸福
   B. 儿子身体很好
   C. 丈夫长得很帅
   D. 她家很有钱

3. A. 工作努力
   B. 常常做饭
   C. 身体很好
   D. 很爱他们

4. A. 有钱时
   B. 过节时
   C. 旅游时
   D. 她和儿子生日时

（三）听第三遍，回答问题 Answer the questions after listening to the recording for the third time

1. 她结婚多少年了？她有孩子吗？
2. 她和丈夫昨天怎么庆祝结婚纪念日的？
3. 她丈夫是个什么样的人？
4. 她觉得她现在的生活怎么样？

短文二　我要学习游泳

（一）听第一遍，判断正误（对的画"√"，错的画"×"）Decide whether the following statements are true or false after listening to the recording for the first time (write a tick for true and a cross for false)

1. 林芳是她认识的第一个中国朋友。（　）
2. 她喜欢运动，林芳喜欢安静。（　）
3. 林芳的家乡是个海边小城。（　）
4. 她会游泳，林芳想跟她学习怎么游泳。（　）
5. 上周日她第一次去了学校的游泳馆。（　）

（二）听第二遍，选择正确答案 Choose the right answers after listening to the recording for the second time

1. A. 习惯
   B. 家乡
   C. 爱好
   D. 年龄

2. A. 很干净，但很小
   B. 又干净又漂亮
   C. 不干净，但很大
   D. 又大又漂亮

3. A. 看到很多人都会
   B. 林芳可以教她
   C. 游泳不花钱
   D. 游泳有意思

4. A. 游泳很容易学
   B. 非常有意思
   C. 大家喜欢会游泳的人
   D. 让人身体好、心情好

第二十九课

奇怪的习惯

一 语音与词语练习 Pronunciation and Words

(一)听后跟读生词 Read the words after the recording

1. 2.
3. 4.
5. 6.
7. 8.
9. 10.
11. 12.
13. 14.
15. 16.
17. 18.
19. 20.

(二)判断下列句子与听到的是否一致(一致的画"√",不一致的画"×")Judge whether the following sentences are identical with those you hear in the recording (draw a tick if they are the same and a cross if they are different)

1. Māma měitiān qǐzǎo, yǐjīng shì duōnián de xíguàn le. (　　)
2. Tā yìzhí dōu duì wèilái fēicháng yǒu xìnxīn. (　　)
3. Gēge xià dìng juéxīn yào zhuānmén gōngkè zhège nántí. (　　)
4. Táiwān zhège dìqū de yèxiāo hěn yǒumíng. (　　)
5. Wǒ hěn xiàngwǎng nàyàng de qīngjìng. (　　)
6. Lǐngdǎo rènwéi néng dádào yùqī de xiàoguǒ. (　　)
7. Wǒmen měi ge rén dōu yīnggāi tíshēng zìjǐ de pǐnwèi. (　　)

8. Nǐmen shì wúcóng liǎojiě zhèxiē shìshí de zhēnxiàng de. （　　）

（三）在横线上写出听到词语的序号 Write the order number of the words you hear on the line

______

______

______

______

______

______

______

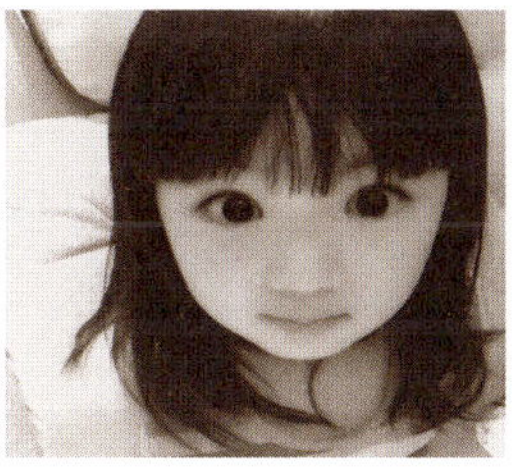

______

______

二　句子练习 Sentences

生词　New Words

1	度	dù	量	degree
2	挂	guà	动	to hang
3	摆	bǎi	动	to place; to put

（一）听句子，选择正确答案 Listen to the sentences and choose the right answers

1. A. 公共汽车上
   B. 教室
   C. 家里
   D. 食堂

2. A. 吃饭
   B. 看电视
   C. 吃饭和看电视
   D. 做饭

3. A. 马克去看表演
B. 马克不去看表演
C. 同学们都去看表演
D. 同学们都不去看表演

4. A. 今天是周末
B. 今天不是周末
C. 看电影很重要
D. 一定要写完

5. A. 现在天气太冷了
B. 现在不是秋天
C. 现在天气太热了
D. 不相信现在是秋天

6. A. 早上
B. 中午
C. 晚上
D. 下午

7. A. 妈妈喜欢坐飞机
B. 我喜欢坐飞机
C. 我们坐火车去
D. 我们坐飞机去

8. A. 穿黑衬衫的人
B. 戴着眼镜的人
C. 坐着说话的人
D. 站在房间里的人

9. A. 漂亮的画儿
B. 漂亮的花儿
C. 桌子
D. 房间

10. A. 晚饭还没做
B. 林林要做晚饭
C. 林林正在吃饭
D. 晚饭放在桌子上

（二）听句子，判断正误（对的画"√"，错的画"×"）Listen to the sentences and decide whether the following statements are true or false (write a tick for true and a cross for false)

1. 我习惯了躺着看书。（　）
2. 我今天不想开车。（　）
3. 我们一边说一边笑。（　）
4. 小飞的姐姐正站在楼前拿着伞。（　）
5. 天气太冷了，所以奶奶穿了一条长裤子。（　）

三 对话理解 Conversation Comprehension

（一）听对话，选择正确答案 Listen to the conversations and choose the right answers

1. A. 那是小美
   B. 女的是小美的姐姐
   C. 小美很想她姐姐
   D. 那是小美的姐姐

2. A. 上班晚了
   B. 回来晚了
   C. 下班早了
   D. 看错了时间

3. A. 女的每天有三节课
   B. 女的每天有三门课
   C. 女的每周有六节课
   D. 女的每天有六节课

4. A. 只吃菜
   B. 只吃饭
   C. 先吃菜再吃饭
   D. 先吃饭再吃菜

5. A. 今天不用上班
   B. 今天不是星期六
   C. 不知道今天星期几
   D. 一会儿去上班

6. A. 当医生
   B. 去英国
   C. 留学
   D. 开咖啡馆

7. A. 男的忘了关灯
   B. 男的习惯开着灯
   C. 男的明天考试
   D. 男的在洗手间复习课文

8. A. 女的来上海十年了
   B. 女的是北京人
   C. 女的不喜欢上海菜
   D. 男的爱吃面条儿

9. A. 小王明天不能当翻译
   B. 小李明天不能当翻译
   C. 小王明天不想当翻译
   D. 小李生病了

10. A. 爸爸和儿子
    B. 哥哥和弟弟
    C. 老师和同学
    D. 丈夫和妻子

（二）听对话，判断正误（对的画"√"，错的画"×"）Listen to the conversation and decide whether the following statements are true or false (write a tick for true and a cross for false)

1. 吉姆已经睡觉了。（　　）
2. 吉姆喜欢躺在床上想事情。（　　）
3. 吉姆习惯睁着眼睛睡觉。（　　）
4. 女的觉得睁着眼睛睡觉很奇怪。（　　）
5. 女的很害怕关灯睡觉。（　　）

6. 女的总是开着灯睡觉。 (　　)

四　短文理解 Passage Comprehension

生词　New Words

1	约	yuē	动	to make an appointment
2	枝	zhī	量	a classifier for flower
3	玫瑰花	méiguihuā	名	rose
4	真的	zhēnde	副	really
5	诺贝尔奖	Nuòbèi'ěr jiǎng	专名	Nobel prize
6	科学家	kēxuéjiā	名	scientist
7	幼儿园	yòu'éryuán	名	kindergarten

短文一　我们的第一次见面

(一)听第一遍,判断正误(对的画"√",错的画"×")Decide whether the following statements are true or false after listening to the recording for the first time (write a tick for true and a cross for false)

1. 介绍给李明的女孩儿是位医生。 (　　)
2. 李明的兴趣爱好和女孩儿的不一样。 (　　)
3. 今天李明和女孩儿只喝了咖啡。 (　　)
4. 今天李明和女孩儿下班以后一起吃了饭。 (　　)
5. 女孩儿和李明见面时穿着一条白裙子。 (　　)
6. 见面时李明手里拿着一本书。 (　　)

(二)听第二遍,在横线上填出听到的汉字 Fill in the blanks with the characters you hear after listening to the recording for the second time

1. 上个月朋友给我________了一个女孩子。
2. 我们在________里和网上聊了几次,我们的________都一样。
3. 她________长长的,________大大的,真的很漂亮。
4. 你好,我就是李明,__________你很高兴。

5. 我们一边________一边__________，非常高兴。

6. 吃了饭我们又去咖啡馆__________咖啡。

（三）听第三遍，回答问题 Answer the questions after listening to the recording for the third time

1. 李明觉得那位女孩儿怎么样？
2. 他们什么时候去吃了饭？
3. 女孩儿今天穿着什么？拿着什么？
4. 他们今天见面做了什么？

短文二　好习惯很重要

（一）听第一遍，判断正误（对的画"√"，错的画"×"）Decide whether the following statements are true or false after listening to the recording for the first time (write a tick for true and a cross for false)

1. 他是科学家，他的孩子们都有好习惯。（　　）
2. 他的孩子们现在都在幼儿园。（　　）
3. 科学家认为小学时的教育非常重要。（　　）
4. 他常教育他的孩子们从小要有好习惯。（　　）
5. 好习惯对孩子以后的生活很重要。（　　）

（二）听第二遍，选择正确答案 Choose the right answers after listening to the recording for the second time

1. A. 孩子们喜欢听
   B. 他是幼儿园老师
   C. 他是科学家
   D. 告诉他们好习惯很重要

2. A. 吃饭前要洗手
   B. 做错事要说对不起
   C. 要多锻炼身体
   D. 午饭后要休息

3. A. 从小有好习惯很重要
   B. 他喜欢幼儿园
   C. 他是幼儿园老师
   D. 他的孩子在幼儿园

4. A. 自己的东西不给别人
   B. 有了好习惯能当科学家
   C. 要有很多孩子
   D. 他常给孩子们讲故事

第三十课

玛丽喜欢穿高跟儿鞋

一 语音与词语练习 Pronunciation and Words

(一)听后跟读生词 Read the words after the recording

1. 2.
3. 4.
5. 6.
7. 8.
9. 10.
11. 12.
13. 14.
15. 16.
17. 18.
19. 20.

(二)判断下列句子与听到的是否一致(一致的画"√",不一致的画"×")Judge whether the following sentences are identical with those you hear in the recording (draw a tick if they are the same and a cross if they are different)

1. Rènhé yí ge gōnggòng chǎngsuǒ dōu jìnzhǐ xīyān. ( )
2. Yǐjīng zhǔnbèile dà bàn nián, tā hūrán shuō bù jiéhūn le. ( )
3. Zījīn zhōuzhuǎn bú chàng de wèntí yào jǐnkuài jiějué. ( )
4. Bālí shì shìjiè zhùmíng de gòuwù tiāntáng. ( )
5. Jiàoshījié wǒ yào gěi lǎoshī xiàn huā. ( )
6. Jǔxíng de shíhou, yídìng yào gàosu wǒ. ( )
7. Chéngshì yuèláiyuè dà, qìchē yě yuèláiyuè duō. ( )

8. Zhè shì tā liúxué huí guó hòu dì yī cì jǔbàn yīnyuèhuì. (　　)

（三）在横线上写出听到词语的序号 Write the order number of the words you hear on the line

______

______

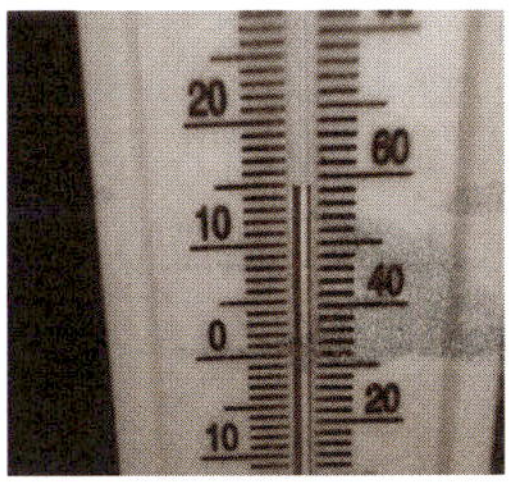

______

______

______

______

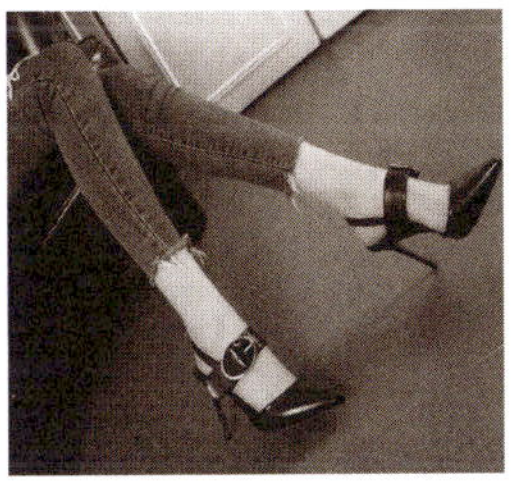

______

______

______

二　句子练习 Sentences

（一）听句子，选择正确答案 Listen to the sentences and choose the right answers

1. A. 早上
   B. 中午
   C. 晚上
   D. 下午

2. A. 早点儿去机场好
   B. 机场很大
   C. 走着去机场
   D. 晚点儿去机场

3. A. 他喜欢足球
B. 他没有我那么高
C. 他不适合打篮球
D. 他比我高

4. A. 给妈妈打电话
B. 接妈妈的电话
C. 跟小丽聊天儿
D. 做晚饭

5. A. 她常穿高跟儿鞋
B. 她的高跟儿鞋不多
C. 她很少穿高跟儿鞋
D. 她没有高跟儿鞋

6. A. 他们下周见面
B. 今天是八月五号
C. 今天是六月五号
D. 他最近不舒服

7. A. 三十岁
B. 三十五岁
C. 二十五岁
D. 五岁

8. A. 九课
B. 十一课
C. 一课
D. 十课

9. A. 骑车没有坐车快
B. 坐车比骑车快
C. 骑车比坐车快十分钟
D. 骑车比坐车慢十分钟

10. A. 昨天天气比今天好
B. 昨天气温没有今天高
C. 昨天风比今天大
D. 今天气温比昨天高五度

（二）听句子，判断正误（对的画"√"，错的画"×"）Listen to the sentences and decide whether the following statements are true or false (write a tick for true and a cross for false)

1. 今天我和妈妈起床都很早。（ ）
2. 我比妹妹大，妹妹比我高。（ ）
3. 我感冒了，不舒服。（ ）
4. 现在是春天。（ ）
5. 安娜的成绩没有汤姆好。（ ）

三 对话理解 Conversation Comprehension

生词 New Words

1	钢琴	gāngqín	名	piano

2	巴黎	Bālí	专名	Paris
3	海南	Hǎinán	专名	Hainan
4	凉快	liángkuai	形	nice and cool
5	海鲜	hǎixiān	名	seafood

(一)听对话，选择正确答案 Listen to the conversations and choose the right answers

1. A. 正在买鞋
   B. 在看电视
   C. 在吃东西
   D. 在读书

2. A. 坐飞机
   B. 看电影
   C. 买东西
   D. 去上班

3. A. 儿子今天过生日
   B. 不要总在家里吃饭
   C. 儿子要回家做饭
   D. 儿子在家吃饭时间太少

4. A. 出国留学
   B. 出国旅游
   C. 回国找工作
   D. 回国结婚

5. A. 四年
   B. 六年
   C. 两年
   D. 一年

6. A. 二百多块
   B. 八百多块
   C. 四百多块
   D. 六百多块

7. A. 每天男的都晚来
   B. 今天男的很奇怪
   C. 今天男的不累
   D. 今天她很累

8. A. 女的不想吃西瓜
   B. 女的觉得男的胖
   C. 女的觉得很热
   D. 男的觉得不热

9. A. 冬天天津比上海舒服
   B. 冬天上海比天津舒服
   C. 上海比天津冷
   D. 天津比上海热

10. A. 他们的食堂不大
    B. 他们的食堂不干净
    C. 他们的食堂不好吃
    D. 女的的食堂很大

(二)听对话，判断正误(对的画"√"，错的画"×")Listen to the conversation and decide whether the following statements are true or false (write a tick for true and a cross for false)

1. 男的和女的已经在法国旅行了。 (　　)
2. 坐飞机去巴黎比去海南慢九个小时。 (　　)

3. 女的想了解法国文化。 (　　)

4. 男的认为去法国旅行没有去海南好。 (　　)

5. 女的觉得海南太热了。 (　　)

6. 男的和女的都不喜欢吃海鲜。 (　　)

四　短文理解 Passage Comprehension

生词　New Words

1	却	què	副	but; yet
2	短信	duǎnxìn	名	short message
3	失败	shībài	动	to fail
4	选择	xuǎnzé	动	to choose
5	暖气	nuǎnqì	名	heating system

短文一　左先生和右先生

(一)听第一遍,判断正误(对的画"√",错的画"×")Decide whether the following statements are true or false after listening to the recording for the first time (write a tick for true and a cross for false)

1. 每个女孩儿结婚前都有两个男朋友。 (　　)

2. 右先生没有左先生会说。 (　　)

3. 左先生比右先生会做。 (　　)

4. 你很忙的时候,右先生会说:"多喝点儿热水吧"。 (　　)

5. 生病的时候,右先生会带你去吃好吃的。 (　　)

6. 有人喜欢左先生,有人喜欢右先生。 (　　)

(二)听第二遍,在横线上填出听到的汉字 Fill in the blanks with the characters you hear after listening to the recording for the second time

1. 很多女孩儿 ____________ 以前会遇到两种男朋友。

2. 左先生比右先生会 ____________,右先生比左先生会 ____________。

3. 你找 __________ 的时候，左先生说："加油！"。
4. 有人说右先生比左先生好多了，只说不做不是 __________。
5. __________ 右先生并不比左先生好。
6. 每个人的 __________ 不一样。

（三）听第三遍，回答问题 Answer the questions after listening to the recording for the third time

1. 左先生的特点是什么？
2. 右先生的特点是什么？
3. 为什么有人说右先生比左先生好多了？
4. 为什么说其实右先生并不比左先生好？
5. 你喜欢左先生（小姐）还是右先生（小姐）？

短文二　带着妈妈去旅行

（一）听第一遍，判断正误（对的画"√"，错的画"×"）Decide whether the following statements are true or false after listening to the recording for the first time (write a tick for true and a cross for false)

1. 今年春天我带妈妈去上海旅行。（　　）
2. 上海的春天比北京舒服。（　　）
3. 冬天北京的温度没有上海高。（　　）
4. 我们那儿汽车没有上海多。（　　）
5. 我决定现在回国。（　　）

（二）听第二遍，选择正确答案 Choose the right answers after listening to the recording for the second time

1. A. 学汉语
   B. 找工作
   C. 带妈妈旅行
   D. 带爸爸妈妈旅行

2. A. 上海温度没有北京高
   B. 上海比北京干
   C. 上海常常刮风
   D. 上海很舒服

3. A. 北京比上海舒服
B. 北京比上海温度高
C. 上海有暖气
D. 北京不比上海干

4. A. 来中国留学
B. 回国工作
C. 回国上学
D. 去别的国家旅行

第三十一课

手机的世界

一　语音与词语练习 Pronunciation and Words

（一）听后跟读生词 Read the words after the recording

1.	2.
3.	4.
5.	6.
7.	8.
9.	10.
11.	12.
13.	14.
15.	16.
17.	18.
19.	20.

（二）判断下列句子与听到的是否一致（一致的画"√"，不一致的画"×"）Judge whether the following sentences are identical with those you hear in the recording (draw a tick if they are the same and a cross if they are different)

1. Zhèyàng de xiāngyān wǒ cónglái méiyǒu jiànguo.　（　）
2. Wǒmen yīnggāi jǐnshèn chǔzhì zhè jiàn shì.　（　）
3. Zhè zhǒng zīfèi shì wǒ wúlùnrúhé méi xiǎngdào de.　（　）
4. Dēngshān duìyuánmen mǎshàng jiùyào chénggōng le.　（　）
5. Méiyǒu rén néng dǐdǎng zhè zhǒng yòuhuò.　（　）
6. Búyào qǔxiāo biérén de huódòng.　（　）
7. Liǎng ge yuè de shíjiān wánchéng gōngzuò shì bù kěnéng de.　（　）

8. Měi féng jiājié bèi sī qīn. (　　)

(三)在横线上写出听到词语的序号 Write the order number of the words you hear on the line

____

____

____

____

____

____

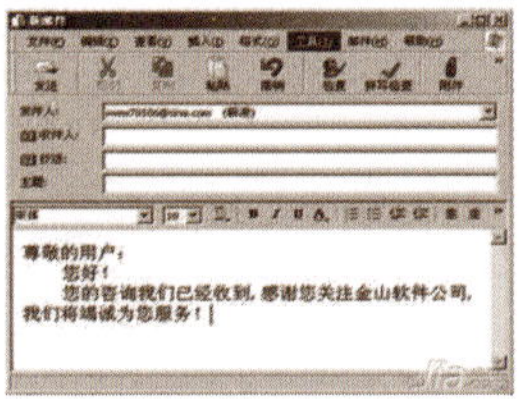

____

____

____

二　句子练习 Sentences

(一)听句子，选择正确答案 Listen to the sentences and choose the right answers

1. A. 她还很年轻
   B. 圣诞节快到了
   C. 她不年轻了
   D. 她喜欢圣诞节

2. A. 这几天他太糊涂了
   B. 这几天他很忙
   C. 这几天他不在家
   D. 这几天他病了

3. A. 学外语
   B. 帮助学习
   C. 打游戏

4. A. 贵的
   B. 功能简单的
   C. 便宜的

D. 和朋友交流

5. A. 买东西
B. 锻炼身体
C. 看世界地图
D. 查字典

7. A. 经理
B. 司机
C. 医生
D. 警察

9. A. 现在手机很便宜
B. 过去的手机功能少
C. 过去手机很贵
D. 人人都有手机

D. 样子漂亮的

6. A. 小赵告诉别人新闻
B. 小赵离婚了
C. 别人告诉小赵新闻
D. 小赵最近要结婚

8. A. 鞋太大，不能买
B. 衣服太大了
C. 鞋非常便宜
D. 衣服和鞋都合适

10. A. 朋友总是生气
B. 生气时心情好
C. 有事不要和朋友说
D. 不要自己生气

（二）听句子，判断正误（对的画"√"，错的画"×"）Listen to the sentences and decide whether the following statements are true or false (write a tick for true and a cross for false)

1. 麦克不习惯这里的天气。 （ ）
2. 应该下载最新的软件使用。 （ ）
3. 他不让别人住他的房间。 （ ）
4. 他们对这家饭馆儿不满意。 （ ）
5. 花盆在离窗户很远的地方放着呢。 （ ）

三　对话理解 Conversation Comprehension

生词　New Words

1	时髦	shímáo	形	fashionable
2	传统	chuántǒng	名	tradition
3	软件	ruǎnjiàn	名	software
4	垃圾	lājī	名	garbage

（一）听对话，选择正确答案 Listen to the conversations and choose the right answers

1. A. 大家都不忙
   B. 和同学没有联系
   C. 刚毕业不久
   D. 周末时见面

2. A. 爷爷身体很好
   B. 爸爸会发微信
   C. 爷爷爱接受新鲜事物
   D. 爸爸正在看电影

3. A. 她要去扔垃圾
   B. 她遇到过垃圾人
   C. 她不知道怎么说
   D. 她不懂垃圾人

4. A. 男的最近离婚了
   B. 最近结婚的人很多
   C. 男的要和女的离婚
   D. 女的已经结婚了

5. A. 她马上用软件
   B. 她不喜欢学习
   C. 男的说的不对
   D. 她汉语水平很高

6. A. 男的身体不好
   B. 女的不高兴
   C. 女的工作很忙
   D. 今晚男的回家吃饭

7. A. 最近的工作安排
   B. 东南亚的文化
   C. 比较海南和哈尔滨
   D. 春节出游计划

8. A. 田红不会唱京剧
   B. 田红是中国人
   C. 田红热爱中国文化
   D. 田红的老师不懂文化

9. A. 男的的学生
   B. 女的的男朋友
   C. 女的的老师
   D. 男的的同事

10. A. 新领导
    B. 新公司
    C. 新朋友
    D. 新邻居

（二）听对话，判断正误（对的画“√”，错的画“×”）Listen to the conversation and decide whether the following statements are true or false (write a tick for true and a cross for false)

1. “共享单车”是最近出现的新事物。（　　）
2. 约翰很了解共享单车。（　　）
3. 约翰不想使用共享单车。（　　）
4. 女的给约翰讲了很多共享单车的好处。（　　）
5. 共享单车的问题是花费太高。（　　）
6. 共享单车不只有小黄车和小绿车两种。（　　）

四　短文理解 Passage Comprehension

生词　New Words

1	扔	rēng	动	to throw
2	脏	zāng	形	dirty
3	臭	chòu	形	smelly
4	情绪	qíngxù	名	mood
5	挥手	huīshǒu	动	to wave hand
6	微笑	wēixiào	动	to smile
7	礼貌	lǐmào	名	politesse
8	争执	zhēngzhí	动	to dispute; to argue

短文一　怎样对待垃圾人

（一）听第一遍，判断正误（对的画"√"，错的画"×"）Decide whether the following statements are true or false after listening to the recording for the first time (write a tick for true and a cross for false)

1. 昨天他扔掉了很多垃圾。　（　　）
2. 他觉得他朋友就像垃圾人，开车不让人。　（　　）
3. 垃圾人是每天带着坏心情和坏情绪的人。　（　　）
4. 遇到垃圾人时一定要和他们讲道理，不能让他们。　（　　）
5. 昨天他们和那个垃圾人吵起来了。　（　　）
6. 朋友的做法和想法他觉得非常对。　（　　）

（二）听第二遍，选择正确答案 Choose the right answers after listening to the recording for the second time

1. A. 非常热情
   B. 很不礼貌
   C. 年龄很大
   D. 开得很慢

2. A. 浪费时间
   B. 很有必要
   C. 非常同意
   D. 不太理解

3. A. 他朋友主动让人
B. 那个司机先让他们过
C. 他不太会开车
D. 朋友开得很快

4. A. 礼貌
B. 情绪
C. 金钱
D. 时间

短文二　茶叶专家

（一）听第一遍，判断正误（对的画"√"，错的画"×"）Decide whether the following statements are true or false after listening to the recording for the first time (write a tick for true and a cross for false)

1. 他不喜欢喝咖啡和各种饮料。（　　）
2. 大多数老年人喜欢喝茶。（　　）
3. 周末时他常去逛商场买衣服。（　　）
4. 他有很丰富的茶叶知识。（　　）
5. 他被朋友们称赞为"茶叶专家"。（　　）

（二）听第二遍，选择正确答案 Choose the right answers after listening to the recording for the second time

1. A. 六十三岁
B. 二十一岁
C. 二十六岁
D. 四十五岁

2. A. 激动兴奋
B. 心情愉快
C. 舒服满意
D. 紧张着急

3. A. 各种茶叶知识
B. 各国茶叶文化
C. 各人喝茶习惯
D. 各种泡茶方法

4. A. 他很了解茶叶的发展历史
B. 朋友知道他是茶叶专家
C. 他饮食习惯和别人不一样
D. 他喜欢买衣服

第三十二课

哥哥就要结婚了

一　语音与词语练习 Pronunciation and Words

（一）听后跟读生词 Read the words after the recording

1.　　　　　　2.
3.　　　　　　4.
5.　　　　　　6.
7.　　　　　　8.
9.　　　　　　10.
11.　　　　　　12.
13.　　　　　　14.
15.　　　　　　16.
17.　　　　　　18.

（二）判断下列句子与听到的是否一致（一致的画"√"，不一致的画"×"）Judge whether the following sentences are identical with those you hear in the recording (draw a tick if they are the same and a cross if they are different)

1. Wǒ zhuīqiú làngmàn wēnqíng de jiātíng qìfēn.　（　　）
2. Kùnnan miànqián yào yǒu yǒngyú miànduì de yǒngqì.　（　　）
3. Zuìjìn wǒ dúle bù shǎo Ài Qīng de shīzuò.　（　　）
4. Jūnmǎ chíchěng zài cǎoyuán shàng.　（　　）
5. Jiāo bīng bì bài de dàolǐ nǐ yīnggāi zhīdao.　（　　）
6. Zhèxiē xīnjiàn de nèiróng wǒ bù qīngchu.　（　　）
7. Nǐmen bìxū duì chǎnpǐn de suǒyǒu gōngnéng yǒu chōngfèn de liǎojiě.　（　　）
8. Líhuā yì zhī chūn dài yǔ.　（　　）

（三）在横线上写出听到词语的序号 Write the order number of the words you hear on the line

____

____

____

____

____

____

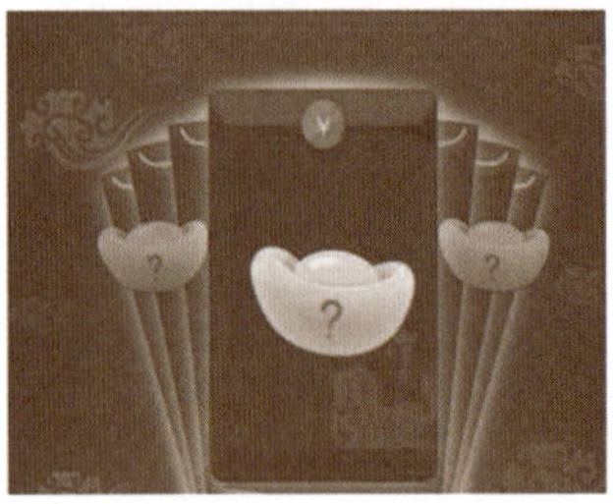

____

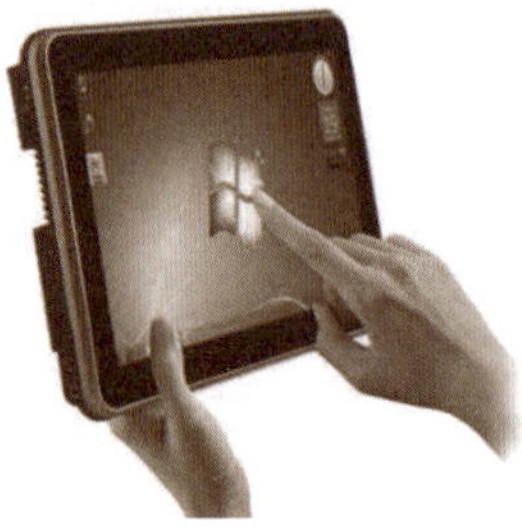

____

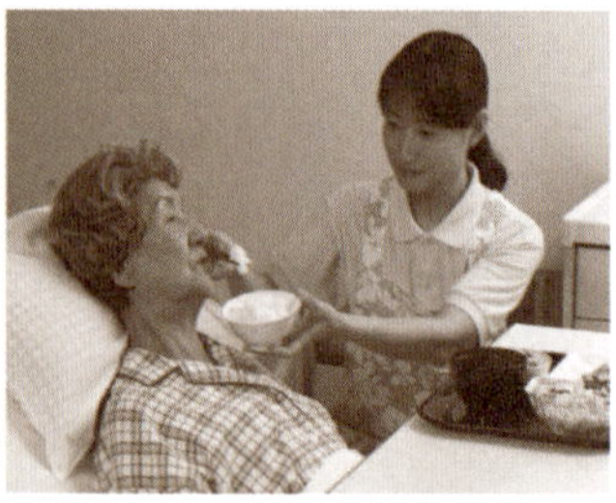

____

二　句子练习 Sentences

（一）听句子，选择正确答案 Listen to the sentences and choose the right answers

1. A. 很舒服
   B. 很着急
   C. 很高兴
   D. 很满意

2. A. 他很关心老人
   B. 妈妈身体不好
   C. 冬天天气很冷
   D. 孩子很需要关心

3. A. 六月底
B. 九月底
C. 十二月底
D. 一月底

4. A. 听别人的意见
B. 不听别人的话
C. 去朋友家聊天儿
D. 不去外边

5. A. 安妮很想去表演
B. 安妮最近不舒服
C. 丽亚不能去表演了
D. 丽亚不会跳舞

6. A. 没人会帮助你
B. 必须听大家的建议
C. 别人的意见都不对
D. 应该自己做决定

7. A. 不太同意
B. 很想见面
C. 不太了解
D. 非常满意

8. A. 和朋友聊天儿
B. 在家陪客人
C. 出去买东西
D. 出去看电影

9. A. 很着急
B. 很生气
C. 很愉快
D. 很幸福

10. A. 没有人准备考试
B. 考不好没关系
C. 马上出去玩儿
D. 应该复习了

(二)选择意思相近的句子 Choose the sentences that are similar in meaning

1. A. 没人用过平板电脑
B. 平板电脑很贵
C. 很多人都在用平板电脑
D. 平板电脑不方便

2. A. 哥哥不同意父母意见
B. 哥哥想早结婚
C. 哥哥结婚了
D. 哥哥三十五岁了

3. A. 他想上大学
B. 他喜欢这个大学
C. 这个大学环境很差
D. 他考不上大学

4. A. 妈妈常喝酒
B. 爸爸身体不好
C. 爸爸不喝酒
D. 妈妈不喝酒

5. A. 妻子比他大
B. 他们没有孩子
C. 妻子比他小
D. 他很爱妻子

三　对话理解 Conversation Comprehension

(一)听对话，选择正确答案 Listen to the conversations and choose the right answers

1. A. 明天天气不好
   B. 约翰可能迟到
   C. 麦克和兰兰迟到了
   D. 大家都来晚了

2. A. 奶奶和儿子
   B. 妈妈和女儿
   C. 奶奶和孙子
   D. 妈妈和儿子

3. A. 回国
   B. 去旅行
   C. 要结婚了
   D. 参加婚礼

4. A. 小陈去上海了
   B. 小陈最近很高兴
   C. 小陈刚从上海回来
   D. 小陈最近心情不好

5. A. 她已经不年轻了
   B. 她太胖了
   C. 她很同意男人的意见
   D. 那件衣服不好看

6. A. 男的想买电脑
   B. 女的同意男的的意见
   C. 女的不同意男的的意见
   D. 女的不想买电脑

7. A. 爸爸和女儿
   B. 经理和职员
   C. 老师和学生
   D. 丈夫和妻子

8. A. 结婚非常重要
   B. 她已经结婚了
   C. 相爱才能结婚
   D. 年纪小不能结婚

9. A. 白经理现在在医院
   B. 女的两年没见经理了
   C. 白经理变漂亮了
   D. 白经理太忙了

10. A. 北京
    B. 婚礼上
    C. 广州
    D. 上海

(二)听对话，判断正误(对的画"√"，错的画"×")Listen to the conversation and decide whether the following statements are true or false (write a tick for true and a cross for false)

1. 周末了，女儿一家三口去爸爸家看望。　(　　)
2. 女儿的孩子周末也在上课。　(　　)
3. 女儿担心自己的孩子没有别人家的孩子好。　(　　)
4. 爸爸认为女儿让孩子报学习班的做法很对。　(　　)
5. 女儿的孩子一共报了三个学习班。　(　　)

6. 女儿同意爸爸的意见，暑假时带孩子出去旅行。（　　）

7. 爸爸认为孩子学习什么首先要看他有没有兴趣。（　　）

四　短文理解 Passage Comprehension

生词　New Words

1	精力	jīnglì	名	energy
2	代替	dàitì	动	to instead of
3	家务	jiāwù	名	housework
4	独身	dúshēn	形	single; unmarried
5	思维方式	sīwéi fāngshì	名	way of thinking
6	尊重	zūnzhòng	动	to respect
7	容忍	róngrěn	动	to tolerate

短文一　我的选择

（一）听第一遍，判断正误（对的画"√"，错的画"×"）Decide whether the following statements are true or false after listening to the recording for the first time (write a tick for true and a cross for false)

1. 她和丈夫刚结婚不太长时间。（　　）
2. 月月和芳芳都是她孩子的名字。（　　）
3. 芳芳不想工作，只想在家好好照顾孩子。（　　）
4. 朋友们的意见让我很快有了自己的看法。（　　）
5. 她准备再问问丈夫和爸爸妈妈的意见。（　　）

（二）听第二遍，选择正确答案 Choose the right answers after listening to the recording for the second time

1. A. 和谁结婚好
   B. 什么时候要孩子好
   C. 怎么样做好工作
   D. 要几个孩子

2. A. 不要着急结婚
   B. 可以不要孩子
   C. 孩子多很麻烦
   D. 婚后马上要孩子

3. A. 芳芳
B. 月月
C. 妈妈
D. 妹妹

4. A. 姐妹
B. 工作
C. 环境
D. 孩子

短文二　独身生活

（一）听第一遍，判断正误（对的画"√"，错的画"×"）Decide whether the following statements are true or false after listening to the recording for the first time (write a tick for true and a cross for false)

1. 他的朋友刚刚结婚就离婚了。（　）
2. 传统的中国人不太能接受独身生活的人。（　）
3. 选择独身生活的人是因为没有人给他们介绍对象。（　）
4. 如今的人们仍然不理解独身生活。（　）
5. 文中作者是一个想独身生活的人。（　）

（二）听第二遍，回答问题 Answer the questions after listening to the recording for the second time

1. 以前的中国人当看到有人到了结婚年龄还没有结婚时，会怎么做？
2. 现在的中国人对独身生活是什么态度？
3. 说说你对独身生活的看法。